E.T.A.C.

GUITARRA: ESCALAS, TÉCNICAS Y APLICACIONES COMPLETAS

POR MARK JOHN STERNAL

Traducción de Beto Hale

Translated from the English version, "GUITAR: Total Scales Techniques And Applications." Also known as T.S.T.A.

MJS PUBLICATIONS
www.MJSPublications.com

Para distribución contactar a:
Baker & Taylor
ó
MJS Music Publications, Inc.
452 SE Paradise Point Rd.
Crystal River, FL 34429

Conceptos y arreglos por Mark Sternal
Traducido por Beto Hale, (English version Jeanne Corlew & Mark Sternal)

Traducción de Beto Hale, Presidente, Let's Mexam Music, Inc.
beto@betohale.com (303) 726-0043 www.betohale.com

Fotografías de portada y Conceptos por Mark Sternal
Portada por Mark Sternal y Craft Graphics www.CraftGraphics.com

ISBN 0-9762917-1-1

ÍNDICE

NOTA DEL TRADUCTOR

Estimados guitarristas:

Como traductor de este excelente método, tuve que usar ciertos términos con los que algunos de ustedes tal vez no estén familiarizados. Por ejemplo, usé "plumilla" al traducir "pick", artefacto que algunos países se conoce como "púa" o "uña". Por otro lado, para describir lo que algunos conocen como "negras" usé el término "notas de cuarto", etc.

Notarán también que, en algunos casos, decidí dejar ciertos términos en inglés por no existir, para mi gusto, una traducción apropiada en español, por ejemplo, "tapping". Así mismo, usé "martilleo" para describir la técnica de "hammer-on".

Como Editor en Jefe de la revista Músico Pro de 1998 a 2004, me enfrenté día a día con esta situación, buscando siempre la manera más clara de expresar ideas musicales que, después de todo, son universales y trascienden fronteras. Hoy en día, como presidente de mi propia empresa de traducciones especializada en la industria de manufactura y publicaciones musicales, sigo haciendo un gran esfuerzo por mantener la mayor neutralidad que sea posible.

(Debo mencionar que, por razones técnicas de la impresión y el diseño gráfico, hemos decidido dejar algunos ejemplos musicales con el texto original en inglés dentro del pentagrama o la tablatura. Esto no será confuso para el lector, ya que cada ejemplo está explicado detalladamente con oraciones en español).

Como todos sabemos, cada uno de nuestros países hispano-parlantes posee expresiones muy propias que no se usan en otros países. Es mi sincero deseo que no encuentren más que unos cuantos de estos términos en este libro y que puedan adentrase de lleno en el mundo de posibilidades que Mark ha abierto para todos con sus impresionantes conocimientos de la guitarra.

¡Espero que disfruten del libro y que tengan mucho éxito!

Respetuosamente,

Beto Hale: Presidente, Let's Mexam Music, Inc.
13021 Irving Court, Broomfield, CO 80020
beto@betohale.com (303) 726-0043 www.betohale.com

INTRODUCCIÓN

A pesar de que soy maestro de guitarra, todavía me considero estudiante. He estudiado guitarra la mayor parte de mi vida. Constantemente estoy aprendiendo nuevas técnicas, aplicaciones y combinaciones. He estudiado con varios grandes guitarristas y músicos, tanto en forma privada como en un salón de clases, acumulando así gran cantidad de conocimiento musical. Me dedico a enseñar, escribir, hacer presentaciones en vivo y a grabar en estudio. Mi intención al escribir este libro es poder enseñar lo que he aprendido en sólo una fracción del tiempo que me tomó a mí aprenderlo. Le he dado clases a alumnos de edades desde los 5 hasta los 76 años, y nunca he rechazado a un alumno por falta de talento. El método de enseñanza que he desarrollado llevará a la persona de ser un absoluto principiante a un nivel de músico profesional, tocando y comprendiendo cada nota de la guitarra. Ofrezco este método de enseñanza en este libro. Me llevó casi 20 años adquirir y desarrollar el conocimiento necesario.

El primer capítulo de este libro es un amplio estudio de los fundamentos de la guitarra. Creo con convicción que un músico debe conocer sus instrumentos y tú, como guitarrista, debes de conocer tu guitarra.

Los siguientes capítulos estarán dedicados principalmente a tocar. Aprenderás a ejecutar escalas usando el diapasón entero. Nos concentraremos en desarrollar rapidez, precisión, entrenamiento auditivo y creatividad. A través del libro añadiremos nuevas técnicas y aplicaciones para cada nota y cada posición en la escala.

Cuando hayas terminado este curso, tendrás a tu disposición un vocabulario musical ilimitado para tu guitarra.

¡Ahora diviértete y sé creativo! Estudia el material de este libro por lo menos 30 minutos al día además del tiempo que normalmente usas para practicar. Trabaja duro y verás que será fácil.

Mark John Sternal

EXPLICACIÓN DE TABLATURA

En la notación musical tradicional, las notas están escritas en un pentagrama. Un pentagrama consiste de 5 líneas y cuatro espacios. Se ha comprobado que este método de escritura no es práctico para la guitarra. Por esta razón, el uso de la tablatura se ha vuelto popular. La tablatura o Tab también se conoce como el pentagrama de seis líneas o el pentagrama de guitarra. Cada línea representa una cuerda. La línea inferior representa la 6ª cuerda de tono más grave (la cuerda más gruesa), y la línea superior representa la 1ª cuerda o la de tono más agudo (la cuerda más delgada).

TAB
1 *1 First String*
2 *2 Second String*
3 *3 Third String*
4 *4 Forth String*
5 *5 Fifth String*
6 *6 Sixth String*

En vez de usar notas musicales para cada línea, se utilizan números para representar el traste que se debe tocar.

POR EJEMPLO: 1.Si hay un 4 escrito en la 3ª línea, tocarías en el 4o traste en la 3ª cuerda.

TAB
4

2. Si hay un 4 escrito en la 3ª línea seguido por un 5, tocarías en el 4º traste en la 3ª cuerda seguido por el 5º traste en la 3ª cuerda.

3. Si debes tocar más de una nota al mismo tiempo, las notas estarían escritas una arriba de la otra. Si un 4 está escrito en la 3ª línea, y directamente debajo hay un 5 escrito en la 4ª línea, tocarías en el 4º traste en la 3ª cuerda junto con el 5º traste en la 4ª cuerda, al mismo tiempo.

BARRAS DE COMPÁS: las líneas verticales que dividen en secciones a la música en tablatura y en pentagramas, (***B.L.*** en el ejemplo de abajo).
COMPÁS: el espacio que hay entre las barras de compás.

TIEMPO: La Música es definida como el estudio científico del tiempo y el sonido.

Date cuenta que en esta definición la palabra tiempo viene antes de sonido. El tiempo es la parte más importante de la música. Cualquiera puede hacer ruido/crear sonido, pero cuando aplicas sonido a un ritmo o tiempo, estás haciendo música.

En la música hay muchos tipos de tiempos. Algunos de los más comunes son:
tiempo de 3/4 = 3 tiempos por compás
tiempo de 4/4 = 4 tiempos por compás
tiempo de 2/4 = 2 tiempos por compás

3/4 Timing 4/4 Timing 2/4 Timing

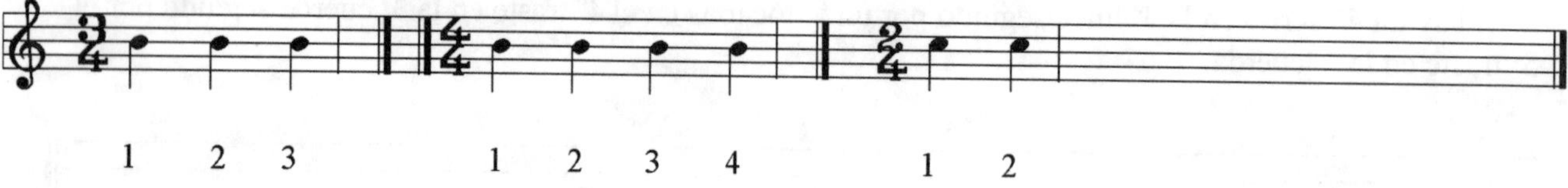

1 2 3 1 2 3 4 1 2

Hay muchas notas de tiempos diferentes. Las notas utilizadas en este libro son:
LA NOTA ENTERA= 4 TIEMPOS
NOTA DE MEDIO TIEMPO = 2 TIEMPOS
NOTA DE CUARTO= 1 TIEMPO
NOTA DE OCTAVO = ½ TIEMPO
NOTA DE DIECISEISAVO = 1/4 TIEMPO

Whole 4 beats Half 2 beats Quarter 1 beat Eighth 1/2 beat Sixteenth 1/4 beat

Estas notas y tiempos serán explicados más a fondo conforme se vayan usando en este libro.

CAPÍTULO 1

PARTE 1. **EL ALFABETO MUSICAL**

El alfabeto musical consiste de 12 notas.

A	**A#/Bb**	**B**	**C**	**C#/Db**	**D**	**D#/Eb**	**E**	**F**	**F#/Gb**	**G**	**G#/Ab**	**A**
1	**2**	**3**	**4**	**5**	**6**	**7**	**8**	**9**	**10**	**11**	**12**	**1**

Conocidas en español (y otros idiomas) como:

La	**La#/Sib**	**Si**	**Do**	**Do#/Reb**	**Re**	**Re#/Mib**	**Mi**	**Fa**	**Fa#/Solb**	**Sol**	**Sol#/Lab**	**La**
1	**2**	**3**	**4**	**5**	**6**	**7**	**8**	**9**	**10**	**11**	**12**	**1**

NOTA IMPORTANTE:
Ya que el repertorio de partituras y libros para guitarra contemporánea en idioma inglés es tan extenso, por cuestiones prácticas usaremos el alfabeto musical inglés para este libro.
Recuerda que las notas son las mismas: A=La, C=Do, etc.

*Observa que la 2ª, 5ª, 7ª, 10ª, y 12ª notas tienen 2 nombres diferentes. Por ejemplo, la 2ª nota puede ser un A# (A sostenido) o un Bb (B bemol). Es la misma nota, pero tiene dos nombres diferentes.

Las notas **A, B,C, D, E, F & G** se llaman básicas o naturales.

Las notas **A#/Bb, C#/Db, D#/Eb, F#/Gb, & G#/Ab** se llaman notas alteradas. Las notas alteradas serán utilizadas más tarde en este curso de estudio.

PARTE 2. **EL ALFABETO MUSICAL Y LA GUITARRA**

Cada una de las seis cuerdas de la guitarra ha sido asignada a una nota específica. La 6a cuerda, que es la de más arriba (la más cercana a tu cara) y la más gruesa, es una nota E. Se le llama la cuerda E grave. Cuando esta nota se toca AL AIRE (sin presionar en ningún traste), producirá un tono de E. Cada traste siguiente te llevará a la siguiente nota en el alfabeto musical.

EJEMPLO. Si tocas la 6ª cuerda en el 1er traste, producirá una nota F, el 2o traste producirá una nota F#/Gb, el 3er traste producirá una nota G, después una nota G#/Ab, después una A, el 6º traste será una nota A#/Bb, el 7º una B, el 8º una C, ETC... Una vez que llegues al 12º traste, el alfabeto musical se repetirá empezando con la nota E.

La 5ª cuerda al aire en una nota A.
La 4ª cuerda es una nota D.
La 3ª cuerda es una nota G.
La 2ª es la cuerda de B.
La 1ª cuerda es la cuerda E aguda.

Esta tabla sirve como punto de referencia para el lector.

	6ª Cuerda	5ª Cuerda	4ª Cuerda	3ª Cuerda	2ª Cuerda	1ª Cuerda	
AL AIRE	**E**	**A**	**D**	**G**	**B**	**E**	**AL AIRE**
1ª	**F**	**A#/Bb**	**D#/Eb**	**G#/Ab**	**C**	**F**	**1ª**
2ª	**F#/Gb**	**B**	**E**	**A**	**C#/Db**	**F#/Gb**	**2ª**
3ª	**G**	**C**	**F**	**A#/Bb**	**D**	**G**	**3ª**
4ª	**G#/Ab**	**C#/Db**	**F#/Gb**	**B**	**D#/Eb**	**G#/Ab**	**4ª**
5ª	**A**	**D**	**G**	**C**	**E**	**A**	**5ª**
6ª	**A#/Bb**	**D#/Eb**	**G#/Ab**	**C#/Db**	**F**	**A#/Bb**	**6ª**
7ª	**B**	**E**	**A**	**D**	**F#/Gb**	**B**	**7ª**
8ª	**C**	**F**	**A#/Bb**	**D#/Eb**	**G**	**C**	**8ª**
9ª	**C#/Db**	**F#/Gb**	**B**	**E**	**G#/Ab**	**C#/Db**	**9ª**
10ª	**D**	**G**	**C**	**F**	**A**	**D**	**10ª**
11ª	**D#/Eb**	**G#/Ab**	**C#/Db**	**F#/Gb**	**A#/Bb**	**D#/Eb**	**11ª**
12ª	**E**	**A**	**D**	**G**	**B**	**E**	**12ª**
13ª	**F**	**A#/ Bb**	**D#/Eb**	**G#/Ab**	**C**	**F**	**13ª**
14ª	**F#/Gb**	**B**	**E**	**A**	**C#/Db**	**F#/Gb**	**14ª**
15a	**G**	**C**	**F**	**A#/Bb**	**D**	**G**	**15ª**
16ª	**G#/Ab**	**C#/Db**	**F#/Gb**	**B**	**D#/Eb**	**G#/Ab**	**16ª**
17ª	**A**	**D**	**G**	**C**	**E**	**A**	**17ª**
18ª	**A#/Bb**	**D#/Eb**	**G#/Ab**	**C#/Db**	**F**	**A#/Bb**	**18ª**
19ª	**B**	**E**	**A**	**D**	**F#/Gb**	**B**	**19ª**
20ª	**C**	**F**	**A#/Bb**	**D#/Eb**	**G**	**C**	**20ª**
21ª	**C#/Db**	**F#/Gb**	**B**	**E**	**G#/Ab**	**C#/Db**	**21ª**
22º	**D**	**G**	**C**	**F**	**A**	**D**	**22ª**
23ª	**D#/Eb**	**G#/Ab**	**C#/Db**	**F#/Gb**	**A#/Bb**	**D#/Eb**	**23ª**
24ª	**E**	**A**	**D**	**G**	**B**	**E**	**24ª**

PARTE 3. **AFINACIÓN**

Algunas notas están resaltadas y conectadas por una línea. Las notas que están resaltadas con el mismo color son la misma nota y te ayudarán a afinar tu guitarra.

EJEMPLO. Si tu cuerda de E grave está afinada, puedes utilizar la nota **A** en el 5º traste/6ª línea para afinar la nota **A** al aire en la 5ª cuerda. Toca el 5º traste de la E grave y luego toca la cuerda de A al aire, compara las dos notas, y ajusta el tono de la 5ª cuerda para que suene igual al de la 6ª cuerda/5º traste, apretando o aflojando la perilla de afinación.

Puedes aplicar esto al 5º traste de la 5a cuerda para afinar la 4ª cuerda a una nota **D**.

Después, el 5º traste de la 4ª cuerda para afinar la 3ª cuerda a una nota **G**.

El 4º traste de la 3a cuerda para afinar la 2ª cuerda a una nota **B**.

Y el 5º traste de la 2ª cuerda para afinar la 1ª cuerda a una nota **E**.

Si te está costando trabajo afinar tu guitarra, te recomiendo un afinador electrónico. Los afinadores electrónicos no son caros y te ahorrarán la frustración de tocar una guitarra desafinada.

Si tu guitarra se desafina fácilmente, o si suena desafinada cuando tocas los trastes más altos, llévala a tu tienda de música local y pide que un técnico de guitarras la revise. Es probable que tu guitarra necesite unos pequeños ajustes.

CAPÍTULO 2

LA ESCALA NATURAL

A,B,C,D,E,F,G,A,B,C,D,E,F,G,A,B,C,D,E,F,G,A,B,C,D,E,F,G,A,B,C,D,E,F,GA,B,C,D,E,F,G

La mayoría del material que cubre este libro utiliza la escala natural. A,B,C,D,E,F,G,A.

Se le llama escala natural porque consiste únicamente de notas naturales sin alteraciones (sostenidos # o bemoles *b*).

La escalas son la clave para escribir música. Las notas de una escala se complementan entre sí, y se pueden usar juntas para crear acordes, melodías y armonías. Estas notas nos dan una base sólida tanto para crear o escribir nuestras propias canciones, como para aprender a tocar nuestras piezas favoritas de otros músicos.

PARTE 1. **NOTAS TÓNICAS EN MAYOR Y MENOR**

Los dos tipos más comunes de escalas son la mayor y la menor. Una escala mayor tiene lo que algunos describen como un sonido brillante o alegre. La escala menor tiene un sonido que algunos describen como oscuro o triste. La escala natural, ABCDEFG, consiste de notas de las dos escalas, mayor y menor.

Determinar si una escala es mayor o menor, en este caso, dependería de lo que llamamos la 'nota tónica'.

La nota tónica es la nota más importante de una canción/escala.

Por Ejemplo: Cuando estamos usando la escala natural, si nuestra nota tónica es una C, C D E F G A B, nuestra escala es mayor. Si nuestra nota tónica es una A, A B C D E F G A, nuestra escala es menor. A lo largo de este libro, le pondremos cuidadosa atención a nuestras notas tónicas menores y mayores. Las notas tónicas menores serán identificadas con una "m". Así, la nota "A menor" estará escrita como **Am.** La notas tónicas mayores tendrán el símbolo "^". Así, la nota C mayor será **C^.**

Saber en dónde se localizan tus notas tónicas te dará la habilidad de escribir una canción en la escala mayor o menor y/o cambiar cualquier canción de mayor a menor, en cualquier posición de escala. Esto también te permitirá cambiar tonalidades durante una canción.

Hay 7 notas en la es escala natural,

1	2	3	4	5	6	7
A	B	C	D	E	F	G

, por lo tanto, tenemos 7 posiciones de escala.

Cada una de las 7 posiciones de escala empieza con una nota diferente de la escala natural. En cada posición tocaremos 3 notas de la escala por cuerda en las 6 cuerdas.

CAPÍTULO 3

POSICIONES DE DEDOS Y MANOS

La posición de tus manos derecha e izquierda es muy importante cuando estás tocando la guitarra. Pon cuidadosa atención a este capítulo y adquiere el hábito de mantener tus dedos y tus manos en las posiciones adecuadas en todo momento. Esto te permitirá alcanzar más rápidamente los resultados que deseas.

A través de este libro llamaremos 1er dedo a tu dedo índice; 2º dedo a tu dedo medio; 3er dedo a tu dedo anular; y 4º dedo a tu meñique.

PARTE 1. LA MANO DE LA PLUMILLA

Hay que detener la plumilla entre los dedos pulgar e índice. La punta de la plumilla debe de apuntar hacia tu dedo índice.

Siempre alterna tus golpes de plumilla. Hacia abajo, hacia arriba, hacia abajo, hacia arriba. Dobla tu muñeca y tu codo cuando uses la plumilla. Evita cualquier movimiento del pulgar o el índice. Tus otros tres dedos deben estar doblados hacia tu palma o estirados y descansando contra el cuerpo de tu guitarra, abajo de la primera cuerda.

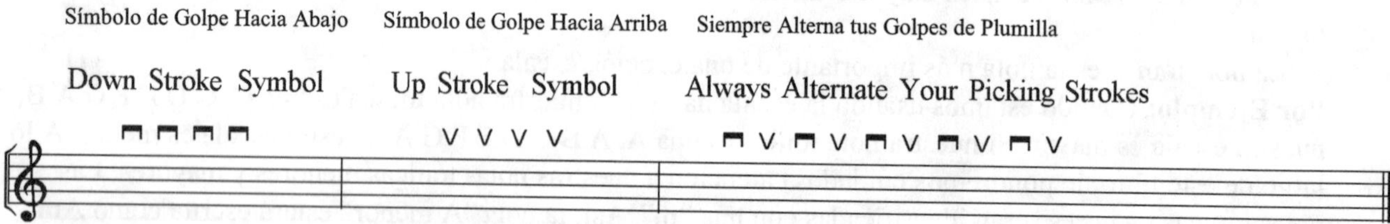

Si eres un guitarrista principiante, o si ésta es una técnica nueva para ti, date un momento para practicarla. Los siguientes ejercicios te ayudarán a desarrollar esta técnica.

EJERCICIO DE SEIS CUERDAS AL AIRE

1. Este ejercicio está escrito en tiempo de 4/4 usando notas de cuarto. Cada compás dura cuatro tiempos. Una nota de cuarto dura un tiempo. La cuenta es 1-2-3-4/1-2-3-4, (la cuenta está escrita debajo de la pieza y está indicada por una "C"). Usa golpes de plumilla alternados.

2. Este ejercicio está escrito en tiempo de 3/4 usando notas de cuarto. Cada compás dura tres tiempos. Una nota de cuarto dura un tiempo. La cuenta es 1-2-3/1-2-3.

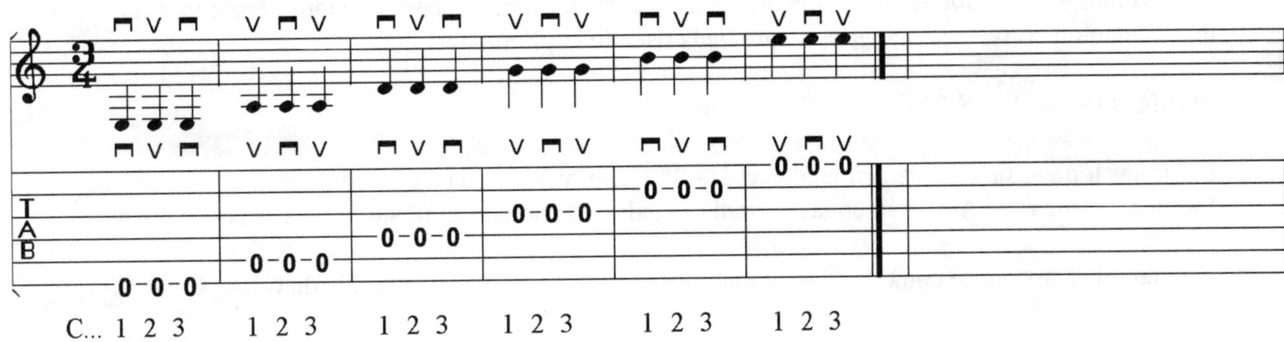

3. Este ejercicio está escrito en tiempo de 3/4 usando notas de octavo. Cada compás dura tres tiempos. Una nota de octavo dura medio tiempo. La cuenta es 1-&-2-&-3-&/1-&-2-&-3-&.

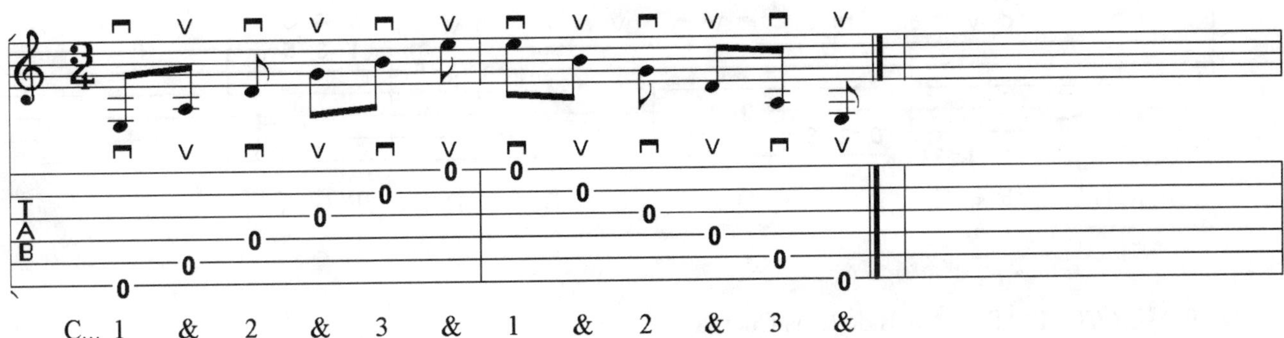

PARTE 2. **LA MANO QUE TOCA SOBRE LOS TRASTES (SI ERES DIESTRO, ES LA MANO IZQUIERDA)**

Coloca los dedos de la mano que toca sobre los trastes a un traste de distancia.

Ej. En la 6ª cuerda, presiona el 1er traste con el 1er dedo.

2º traste, 2º dedo.

3er traste, 3er dedo.

4º traste, 4º dedo.

Mantén tu pulgar atrás de tu dedo medio en el centro del brazo. Muchos guitarristas dejan que su pulgar quede sobre la orilla de la guitarra. Hay algunas técnicas que requieren esta posición, pero en general esto te frenará cuando estés tocando escalas. Cuando no estés tocando una nota, tus dedos deben quedarse en esta posición, un centímetro sobre la cuerda. Siempre mantén el contacto de tu pulgar con el brazo de tu guitarra. **Esta posición debe ser usada en cualquier lugar del diapasón.**

Lee esta sección una y otra vez hasta que te acostumbres a la posición correcta de tus manos y las mantengas sin tener que pensar en ello. Adquiere el hábito de estar revisando tu posición cada vez que toques la guitarra. **¡ESTO ES MUY IMPORTANTE!**

CAPÍTULO 4

TOCANDO LA ESCALA NATURAL

Empecemos enfocándonos en tocar la escala paso a paso. Lo que queremos lograr desde un principio es una digitación correcta y una técnica apropiada usando la plumilla.

POSICIÓN DE E EN ESCALA DE C^/Am

Las notas tónicas de C^ están en la 5ª cuerda - 3er traste, y 2ª cuerda - 1er traste.
Las notas tónicas de Am están en la 5ª cuerda - al aire, 3ª cuerda - 2º traste, y 1ª cuerda - 5º traste.

Esto también se conoce como la 3ª posición porque E es la 3ª nota en la escala de C^. **C D E**
1 2 3

PRIMER COMPÁS Notas de la 6a Cuerda

1. Nota E. Primero, empezamos con un golpe de la plumilla hacia abajo, en la 6ª cuerda al aire en el tiempo 1.
2. Nota F. Después tocaremos un golpe de la plumilla hacia arriba, en el 1er traste, con el 1er dedo, en 6a cuerda en el tiempo 2.
3. Nota G. Continuamos con un golpe hacia abajo en el 3er traste, 3er dedo, en el tiempo 3. Cuando estés tocando en 3er traste de la 6ª cuerda, también baja hacia la 5a cuerda pero sin tocarla, todo en un movimiento.

SEGUNDO COMPÁS Notas de la 5ª cuerda

1. Nota A. Toca la 5ª cuerda al aire con un golpe hacia arriba en el 1er tiempo.
2. Nota B. Golpe hacia abajo en el 2º traste, 2º dedo, en el 2º tiempo.
3. Nota C. Golpe hacia arriba en el 3er traste, 3er dedo, en el 3er tiempo.

APLICA ESTA TÉCNICA DE GOLPES ALTERNADOS SIEMPRE QUE TOQUES LA GUITARRA. Deja que cada nota siga sonando hasta que la siguiente sea tocada. POR EJEMPLO: En la sexta cuerda, cuando estás tocando en el 1er traste, mantén esa nota hasta que hayas tocado el 3er traste, y después levanta el 1er dedo del 1er traste.

TERCER COMPÁS Notas de 4ª cuerda

1. Nota D. Golpe hacia abajo en la 4a cuerda al aire en el 1er tiempo.
2. Nota E. Golpe hacia arriba en el 2º dedo, 2º traste en el 2º tiempo.
3. Nota F. Golpe hacia abajo en el 3er dedo, 3er traste, en el 3er tiempo.

CUARTO COMPÁS Notas de la 3ª Cuerda

1. Nota G. Golpe hacia arriba en la 3ª cuerda al aire, 1er tiempo.
2. Nota A. Golpe hacia abajo en el 2º traste, 2º dedo, 2o tiempo.
3. Nota B. Golpe hacia arriba en el 4º tratse, 4º dedo, 3er tiempo.

Las notas de la 1a y 2a cuerdas requieren un estiramiento de la mano que puede exigir práctica adicional por parte de guitarristas principiantes.

QUINTO COMPÁS. Notas de la 2a Cuerda.

1. Nota C. Golpe hacia abajo, 1er traste, 1er dedo, 1er tiempo.
2. Nota D. Golpe hacia arriba, 3er traste, 2º dedo, 2º tiempo.
3. Nota E. Golpe hacia abajo, 5º traste, 4º dedo, 3er tiempo.

SEXTO COMPÁS Notas de la 1a Cuerda

1. Nota F. Golpe hacia arriba, 1er traste, 1er dedo, 1er tiempo.
2. Nota G. Golpe hacia abajo, 3er traste, 2o dedo, 2o tiempo.
3. Nota A. Golpe hacia arriba, 5º traste, 4o dedo, 3er tiempo.

Para la posición de E al aire, tu pulgar debe estar detrás del 2º traste para tocar la 6a, 5ª, 4ª y 3ª cuerdas, y debes deslizarlo para que quede detrás del 3er traste para tocar la 2ª y 1ª cuerdas.

Mi sugerencia es que practiques cada posición de escala durante una semana hasta que la hayas memorizado y la puedas tocar sin errores. Una vez que logres esto, puedes practicar la siguiente posición.

POSICIÓN DE F, ESCALA C^/Am

Las notas tónicas de C^ están en la 5ª cuerda - 3er traste, y 3ª cuerda - 5º traste.
Las notas tónicas de Am están en la 6ª cuerda- 5º traste, 3ª cuerda- 2º traste, y 1ª cuerda, 5º traste.

F es la 4ª nota de la escala de C^, por lo que también se conoce como la 4ª posición de la escala de C^.

C D E F
1 2 3 4.

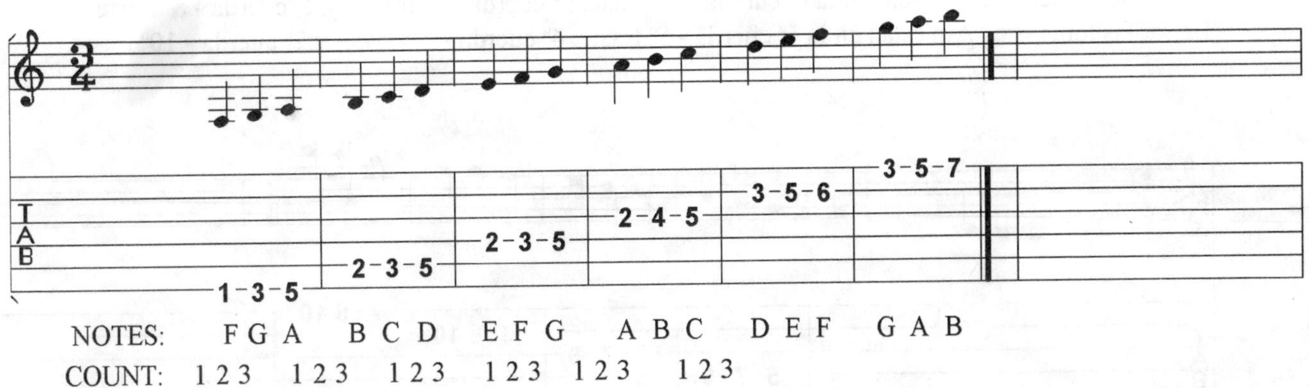

NOTES: F G A B C D E F G A B C D E F G A B

COUNT: 1 2 3 1 2 3 1 2 3 1 2 3 1 2 3 1 2 3

Para la posición de F, tu pulgar debe estar detrás del 3er traste para tocar las 4 cuerdas superiores, y después deslizarse para tocar la 2ª y 1a cuerdas.

Usa los dedos 1, 2, & 4 para las cuerdas 6ª, 5ª y 4a. Usa los dedos 1, 3, & 4 para la 3ª y 4ª cuerdas. Regresa a los dedos 1, 2, & 4 para tocar la 1ª cuerda.

Recuerda permitir que cada cuerda resuene hasta que la siguiente sea tocada. También recuerda usar siempre el plumilleo alternado.

ESCALA DE G ó 5a POSICIÓN DE LA ESCALA C^/Am

Las notas tónicas de C^ están en la 5ª cuerda - 3er traste, 3ª cuerda - 5º traste, y 1a cuerda - 8º traste. Las notas tónicas de Am están en la 6ª cuerda - 5o traste, 4ª cuerda - 7o traste, y 1ª cuerda - 5o traste.

Usa tus dedos 1º, 2º y 4º para tocar las 5 cuerdas superiores, y tu dedos 1º, 3º, y 4º para tocar la 1ª cuerda.

Coloca tu pulgar detrás del 5o traste para tocar las 4 cuerdas superiores; deslízalo hasta que quede detrás del 6º traste para tocar la 2a y 1ª cuerdas.

A ó 6ª POSICIÓN DE LA ESCALA DE C^. A ES LA TÓNICA O PRIMERA POSICIÓN DE LA ESCALA MENOR.

Las notas tónicas de C^ están en la 6ª cuerda - 8º traste, 3ª cuerda - 5º traste, y 1ª cuerda - 8º traste. Las notas tónicas de Am están en la 6ª cuerda - 5º traste, 4ª cuerda - 7º traste, y 2ª cuerda - 10º traste.

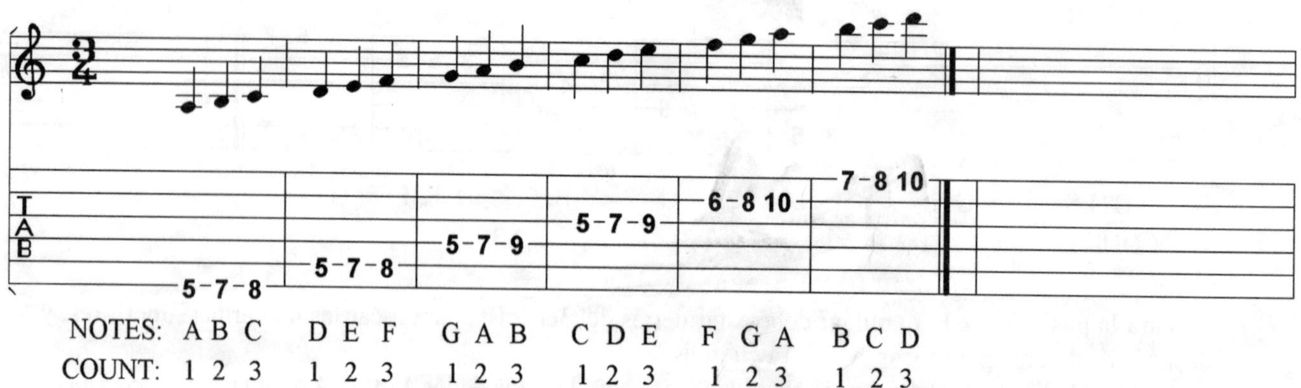

Coloca tu pulgar detrás del 6º/7º traste para tocar las 4 cuerdas superiores, 8º traste para la 1ª y 2a cuerdas.

Usa los dedos 1, 3, & 4 para la 6ª y 5ª cuerdas, y los dedos 1, 2, & 4 para las 4 cuerdas restantes.

Recuerda dejar que cada nota suene hasta que la próxima sea tocada.

B ó 7ª POSICIÓN DE LA ESCALA C^/Am

Las notas tónicas de C^ se encuentran en la 6ª cuerda - 8º traste, 4ª cuerda - 10º traste, y 1ª cuerda - 8º traste.

Las notas tónicas de Am están en la 4ª cuerda - 7º traste, y 2ª cuerda - 10º traste.

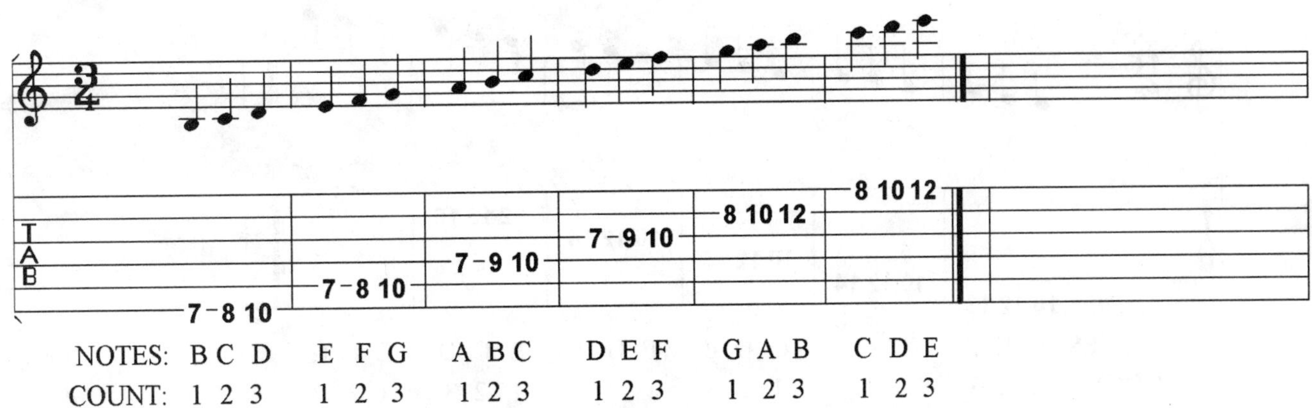

El pulgar se debe colocar detrás del 8º traste para las 4 cuerdas superiores, y 10º traste para la 1ª y 2ª cuerdas.

Debes usar los dedos 1, 2, & 4 para la 6a y 5ª cuerdas, los dedos 1, 3, & 4 para la 4ª & 3ª cuerdas, y los dedos 1, 2, & 4 para la 2ª y 1ª cuerdas.

C ó 1ª POSICIÓN DE LA ESCALA DE C^/Am

Las notas tónicas de C^ están en la 6ª cuerda - 8º traste, 4ª cuerda - 10º traste, y 2ª cuerda 13º traste.

Las notas tónicas de Am están en la 5a cuerda -12º traste, y 2ª cuerda - 10º traste.

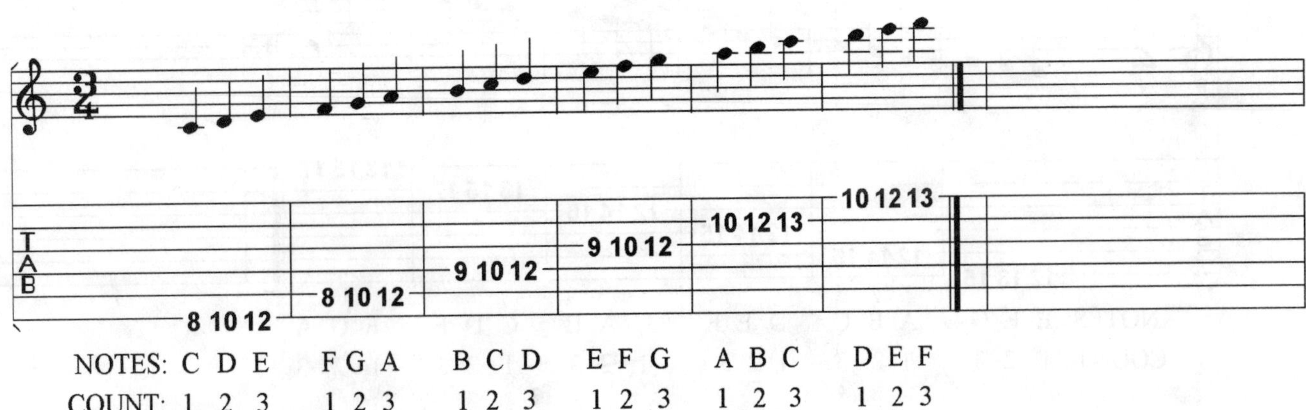

Coloca el pulgar detrás de 10º traste para las 4 cuerdas superiores, 12º traste para la 2ª y 1a cuerdas.

Usa los dedos 1, 2, & 4 para las 4 cuerdas superiores, y 1, 3, & 4 para el resto.

D ó 2ª POSICIÓN DE C^/Am

Las notas tónicas de C^ se encuentran en la 4ª cuerda - 10º traste, y 2ª cuerda - 13º traste.
Las notas tónicas de Am se encuentran en la 5ª cuerda - 12º traste, y 3ª cuerda - 14º traste.

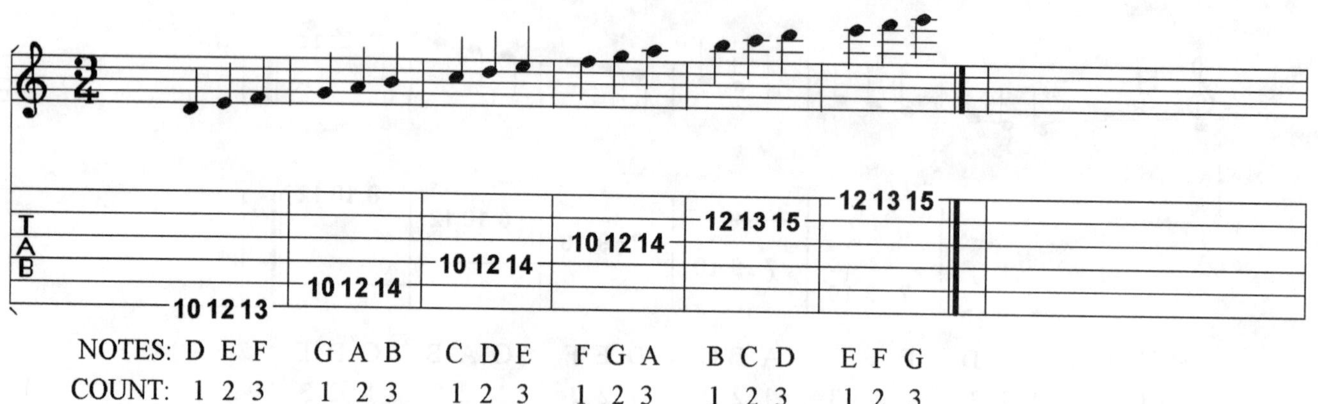

Coloca el pulgar detrás del traste 11/12 para tocar las 4 notas superiores, y detrás del 13º traste para tocar las demás cuerdas.

Usa los dedos 1, 3, & 4 para tocar la 6ª cuerda, y los dedos 1, 2, & 4 para tocar las demás cuerdas.

E ó 3ª POSICIÓN DE LA ESCALA DE C^/Am **OCTAVA DE LA POSICIÓN AL AIRE**

Las notas tónicas de C^ se encuentran en la 5ª cuerda - 15º traste, y la 2ª cuerda - 13º traste.
Las notas tónicas de Am se encuentran en la 5ª cuerda 12º traste, 3a cuerda - 14º traste, y 1ª cuerda, 17º traste.

Date cuenta que las notas de esta posición siguen el mismo patrón que las notas de la posición al aire. Es la misma posición que se toca una octava o 12 notas/trastes más arriba. Esto se puede aplicar a todas las posiciones: F comenzando con el 13º traste de la 6ª cuerda. G con el 15º, A con el 17º, B con el 19º, C con el 20º y D con el 22º, siempre y cuando tu guitarra tenga dichos trastes altos.

INTRODUCCIÓN A LA INTERPRETACIÓN DE SOLOS

Usa esta serie de notas para crear líneas solistas. Para comenzar, usa sólo notas de la escala. Prueba cualquier combinación de notas de la escala. Si estás tocando con otro músico, él o ella debe de usar acordes creados a partir de la escala que estás tocando. **POR EJEMPLO:** C, F, & G son notas de la escala que pueden usarse como acordes. Si el otro músico está tocando un ritmo usando estos acordes, puedes tocar la escala natural al mismo tiempo para crear una línea principal o solo. Para que tus solos sobresalgan, puedes usar las diferentes técnicas y aplicaciones que se muestran en este libro, e incluso puedes crear tus propias técnicas. Conforme te sientas más cómodo creando solos, puedes empezar a cambiar de tonalidades y escalas durante un solo o canción.

No existe un límite a las posibilidades de lo que puedes hacer con un sola nota. Usa una escala y explora todas sus posibilidades. La música es sentimiento. Aprende a integrar tus sentimientos personales a tu interpretación: alegría, tristeza, amor, odio, emoción, agresión, etc. Aprende a expresarlas y a escribirlas. Después, tócalas rápida y lentamente.

Técnica de Pregunta y Respuesta para Solos

Esta técnica también se usa para crear líneas principales o *leads.* Escoge una escala. Al tocar cualquier combinación de notas de la escala, que no sea la tónica, puedes crear una melodía que suene incompleta. Ésta será la pregunta. Para contestar la pregunta, toca otra combinación de notas de la escala, terminando en la tónica. Ésta será la respuesta.

Ejemplo:
Partamos de la escala de Am.
Las notas de la pregunta son C, D y E.
Como respuesta toca D, C y termina en A.
Tómate un tiempo para ver cuántas líneas de 3 y 4 notas puedes tocar para crear frases de pregunta y respuesta.

Otra manera de tocar una frase de pregunta es usando cualquier combinación de escalas incluyendo la tónica, mas no usando ésta para terminar la frase.

Ejemplo: A, C, D, C/A, C, D, D.

También puedes tocar varias combinaciones de frases de pregunta y respuesta.

Ejemplo:
1. Enfócate en las frases de pregunta: **P, P, R.**
2. Enfócate en las frases de respuesta: **P, R, R.**

NOTAS DE LA ESCALA COMO ACORDES

Cada nota de la escala puede usarse como un acorde. Estos acordes se complementarán de la misma manera en que se complementan las notas individuales de la escala. Puedes usar estos acordes para escribir una progresión rítmica y después usar sus notas individuales para crear líneas y melodías sobre dichos acordes.

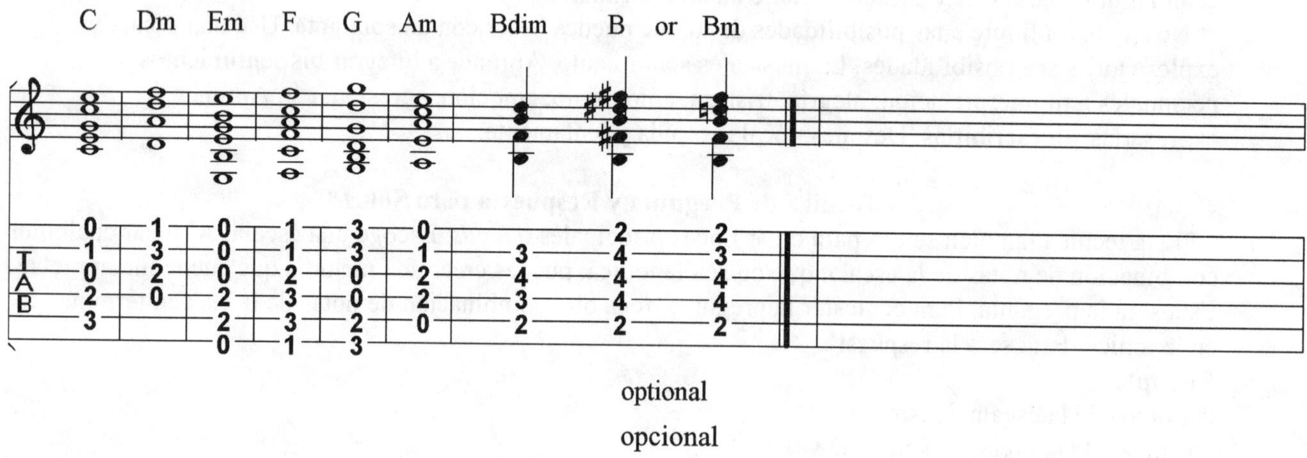

opcional

Éstos son los acordes mayores y menores sacados de la tonalidad de C. A excepción de B y Bm, cada acorde usa notas de la escala de la tonalidad de C. Bdim es un acorde disminuido. Por su sonido inusual, es común sustituirlo por un acorde B o Bm.

CAPÍTULO 5
APLICACIONES

En este capítulo cubriremos las aplicaciones de escala para ser usadas con cada posición que has aprendido. Estas aplicaciones están diseñadas para mejorar tu habilidad de interpretación y composición. Busca estas aplicaciones al escuchar tus canciones preferidas. Descubrirás que no sólo son usadas en la guitarra, sino en el piano, la voz, el bajo y todos los demás instrumentos musicales.

1. **INCREMENTOS DE II**

División de la escala en patrones de dos partes. Comienza con la primera nota de la escala, luego toca la segunda. Ahora, comienza de nuevo en la 2ª nota y termina en la 3ª nota. Toca la 3ª nota de nuevo, y termina en la 4a, etc.

El patrón queda así | 1,2/2,3/3,4/4,5 etc... |

Deja que cada nota suene durante el valor completo de cada tiempo. Esta aplicación se escribe en métrica de 2/4. Hay dos tiempos por compás. Una nota de cuarto recibe un tiempo. Empieza lentamente. La cuenta es 1-2 /1-2 /1-2 /1-2.

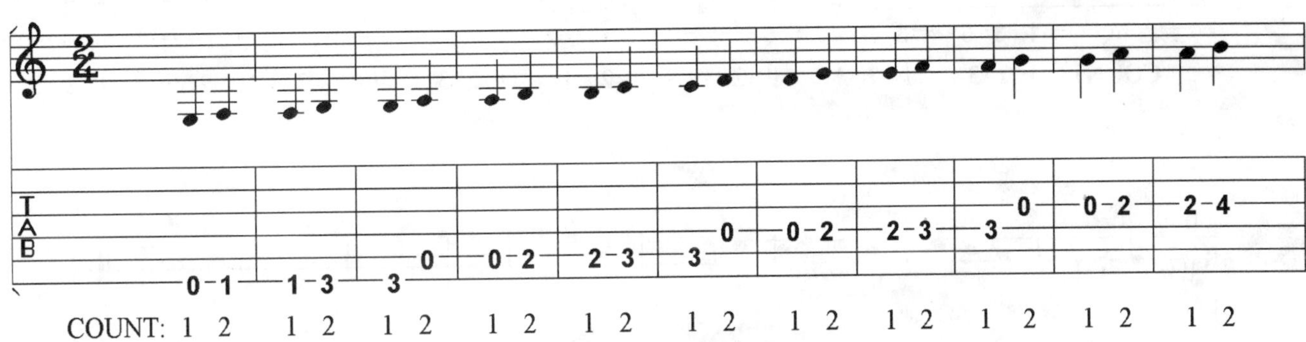

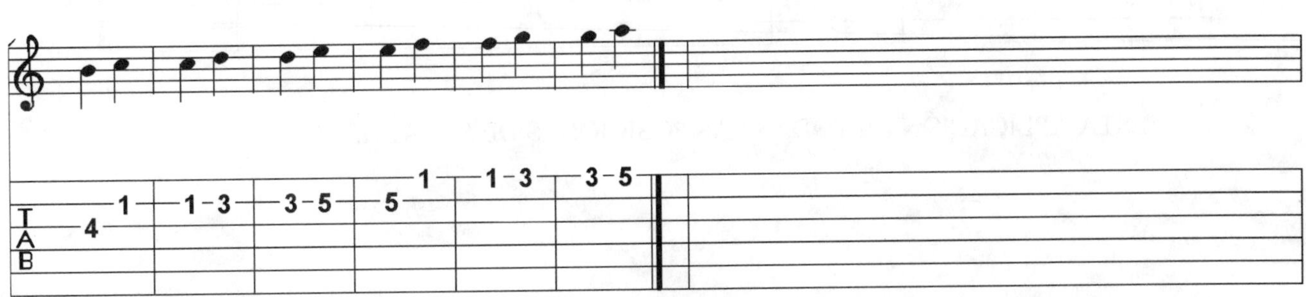

USA ESTA APLICACIÓN EN TODAS LAS POSICIONES DE ESCALA.

2. INCREMENTOS DE III

División de la escala en patrones de tres. Comienza con la 1ª, después la 2ª nota de la escala, y termina en la 3ª. Comienza de nuevo en la 2ª nota de la escala, después la 3ª, y termina en la 4ª. Comienza en la 3ª, después 4ª, termina en la 5ª. 4ª, 5ª, termina en la 6ª, etc.

El patrón queda así | 1,2,3/2,3,4/3,4,5/4,5,6/etc... |

Deja que cada nota suene durante el valor completo de cada tiempo. Esta aplicación se escribe en métrica de 3/4. Hay 3 tiempos por compás. Un nota de cuarto recibe un tiempo. Empieza lentamente. La cuenta es 1-2-3/1-2-3/1-2-3.

Pon cuidadosa atención a las tónicas mayores y menores.

USA ESTA APLICACIÓN EN TODAS LAS POSICIONES DE ESCALA.

3. **DOS CUERDAS**

Tocar tres notas de escala en cada cuerda de cualquier posición de escala. Divide la escala en patrones de dos cuerdas. Comenzando con la 6ª cuerda, toca las notas 1, 2, & 3, seguidas de las notas 4, 5, & 6 en la 5ª cuerda. Después repite las notas 4, 5, & 6 en la 5ª cuerda, añadiendo las notas 7, 8, & 9 en la 4ª cuerda, etc.

El patrón queda así | 1,2,3,4,5,6/4,5,6,7,8,9/7,8,9,10,11,12/etc... |

Esta aplicación se escribe en métrica de 3/4 usando notas de octavo. Hay tres tiempos por compás. Una nota de octavo dura medio tiempo. La cuenta es 1-&-2-&-3-&/1-&-2-&-3-&/1-&-2-&-3-&.

USA ESTA APLICACIÓN EN TODAS LAS POSICIONES DE ESCALA

4. **DOS CUERDAS Y DE REGRESO** (una nota)

Las notas 1, 2, & 3 de la 6ª cuerda, seguidas de las notas 4, 5, & 6 de la 5ª cuerda, y de regreso a la nota 5. Ahora repite las notas 4, 5, & 6 de la 5ª cuerda, añadiendo las notas 7, 8, 9, y de regreso a la 8 en la 4ª cuerda, etc.

Patrón | 1,2,3,4,5,6,5/4,5,6,7,8,9,8/7,8,9,10,11,12,11/etc... |

Esta aplicación se escribe en métrica de 4/4 usando notas de octavo y de cuarto. Hay 4 tiempos por compás. Una nota de octavo recibe medio tiempo. Un nota de cuarto recibe un tiempo. La cuenta es 1-&-2-&-3-&-4/1-&-2-&-3-&-4/1-&-2-&-3-&-4.

1 & 2 & 3 & 4

USA ESTA APLICACIÓN EN TODAS LAS POSICIONES DE ESCALA

5. TRES CUERDAS

Se tocan 3 notas de la escala en cada cuerda en cualquier posición de escala. Divide la escala en patrones de 3 cuerdas (9 notas de la escala). Comenzando con la 6a cuerda, toca las notas 1, 2, 3, seguidas de las notas 4, 5, 6 en la 5ª cuerda, y 7, 8, 9 en la 4ª cuerda. Repite las notas 4, 5, 6 en la 5ª cuerda, 7, 8, 9 en la 4ª cuerda, añadiendo las notas 10, 11, & 12 en la 3ª cuerda, etc.

Patrón 1,2,3,4,5,6,7,8,9/4,5,6,7,8,9,10,11,12/7,8,9,10,11,12,13,14,15/etc...

Esta aplicación se escribe en métrica de 3/4 usando tresillos. Los tresillos son notas de octavo escritas en grupos de 3. Un tresillo dura un tercio de tiempo. La cuenta es 1-&-a- 2-&-a-3-&-a/1-&-a-2-&-a-3-&-a.

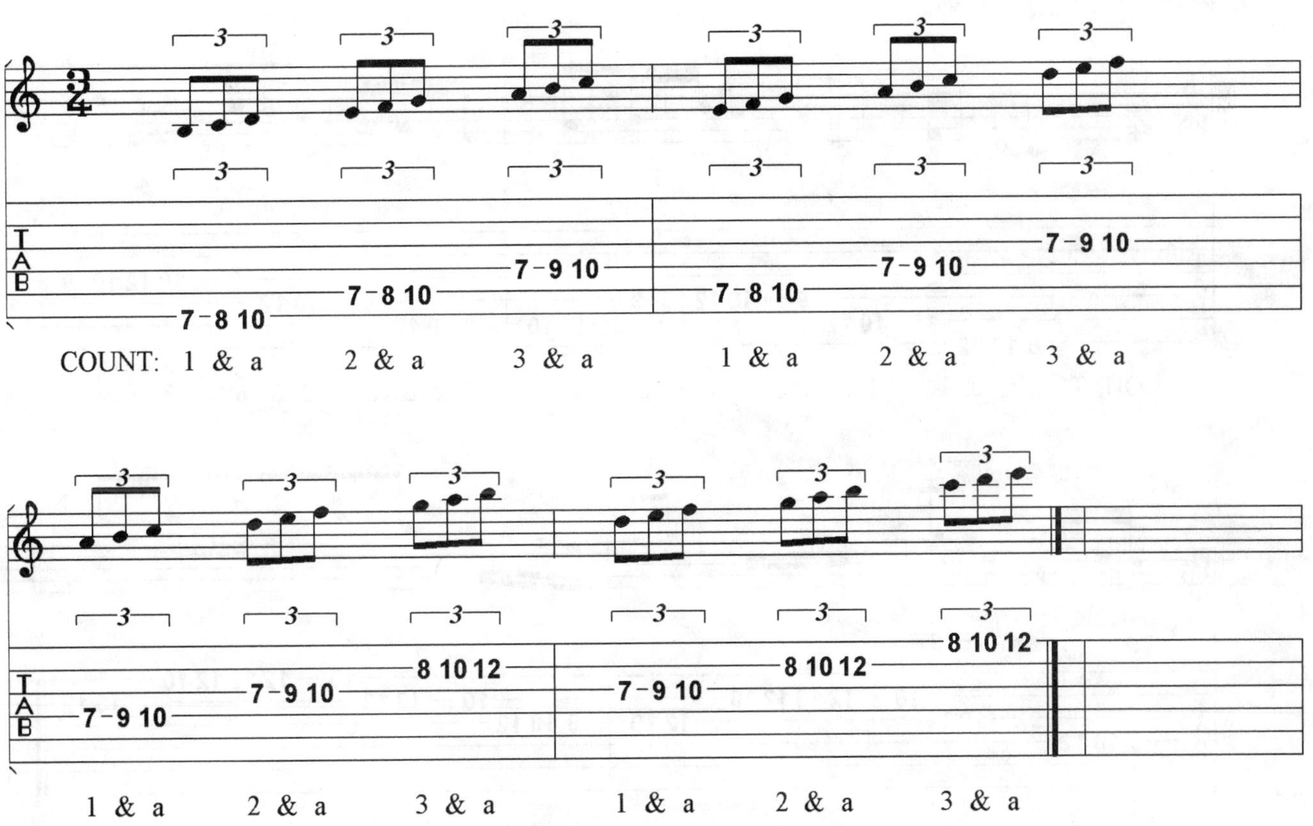

APLICA TRES CUERDAS A CADA POSICIÓN DE ESCALA.

6. **TRES CUERDAS Y DE REGRESO** (4 notas)

Las notas 1, 2, 3, de la 6ª cuerda, las notas 4, 5, 6 de la 5ª cuerda, las notas 7, 8, 9 de la 4ª cuerda, de regreso a 8, 7, y después de regreso a 6, y 5 en la 5ª cuerda. Las notas 4, 5, 6 de la 5ª cuerda, las notas 7, 8, 9 de la 4ª cuerda, las notas 10, 11, 12 de la 3ª cuerda, y de regreso a las notas 11, 10, luego 9, y 8 en la 4ª cuerda, etc.

Patrón 1,2,3,4,5,6,7,8,9,8,7,6,5/4,5,6,7,8,9,10,11,12,11,10,9,8/7,8,9,10,11,12,13,14,15,14,13,12,11/etc...

Esta aplicación se escribe en tiempo de 4/4 usando notas de dieciseisavo, tresillos y octavos. Una nota de dieciseisavo dura un cuarto de tiempo, un tresillo dura un tercio de tiempo, una nota de octavo dura medio tiempo. La cuenta es 1-e-&-a-2-&-a-3-e-&-a-4-&/1-e-&-a-2-&-a-3-e-&-a-4-&.

USA ESTA APLICACIÓN EN TODAS LAS POSICIONES DE ESCALA Y COMBÍNALA CON OTRAS APLICACIONES

7. **INCREMENTOS DE 4.**

División de la escala en patrones de 4. Comienza con la 6ª cuerda, notas 1, 2, 3 y en la 5ª cuerda, nota 4. Las notas 2 y 3 en la 6ª cuerda, luego las notas 4 y 5 en la 5ª cuerda. La 3ª nota de la escala en la 6ª cuerda, luego las notas 4, 5, y 6 en la 5ª cuerda. Las notas 5, 6, en la 5ª cuerda, luego la nota 7 en la 4ª cuerda, etc.

Patrón 1,2,3,4/2,3,4,5/3,4,5,6/4,5,6,7/5,6,7,8/etc...

Esta aplicación se escribe en métrica de 4/4 usando notas de cuarto. Un nota de cuarto dura un tiempo. La cuenta es 1-2-3-4/1-2-3-4/1-2-3-4.

USA ESTA APLICACIÓN EN TODAS LAS POSICIONES DE ESCALA, Y COMBÍNALA CON OTRAS APLICACIONES.

Para tocar la aplicación pasada con notas de octavo, cada nota duraría medio tiempo. La cuenta sería 1-&-2-&-3-&-4-&/1-&-2-&-3-&-4-&/1-&-2-&-3-&-4-&.

Para tocar en incrementos de 4 usando notas de dieciseisavo, cada nota duraría un cuarto de tiempo. La cuenta sería 1-e-&-a-2-e-&-a-3-e-&-a-4-e-&-a/1-e-&-a-2-e-&-a-3-e-&-a-4-e-&-a.

Para tocar en incrementos de 4 en métrica de 3/4, podrás tocar cualquier combinación de 2 notas de cuarto y dos notas de octavo. Usando dos notas de cuarto seguidas por dos notas de octavo, la cuenta sería 1-2-3-&/1-2-3-&/1-2-3-&.

Usando una nota de cuarto seguida por 2 notas de octavo seguidas por una nota de cuarto, la cuenta sería 1-2-&-3/1-2-&-3/1-2-&-3.

PUEDES APLICAR CUALQUIER RÍTMICA A CUALQUIER NOTA O GRUPO DE NOTAS.
EXPERIMENTA CON DISTINTAS RÍTMICAS EN TODAS LAS APLICACIONES.

8. **INCREMENTOS DE 4 Y DE REGRESO** (1 nota)

Notas 1, 2, 3, de la 6a cuerda, nota 4 de la 5ª cuerda, de regreso a la nota 3 de la 6ª cuerda, notas 2 y 3 de la 6ª cuerda, notas 4 y 5 de la 5ª cuerda, de regreso a la nota 4. Nota 3 de la 6ª cuerda, notas 4, 5, 6, de la 5ª cuerda, y de regreso a la nota 5. 4, 5, & 6 de la 5ª cuerda, nota 7 en la 4ª cuerda, y de regreso a la nota 6 de la 5ª cuerda, etc.

Patrón | 1,2,3,4,3/2,3,4,5,4/3,4,5,6,5/4,5,6,7,6/etc... |

Este patrón está escrito en métrica de 4/4 usando notas de cuarto y de octavo. Un nota de cuarto dura un tiempo, una nota de octavo dura medio tiempo. La cuenta es 1-2-3-4-&/1-2-3-4-&/1-2-3-4-&.

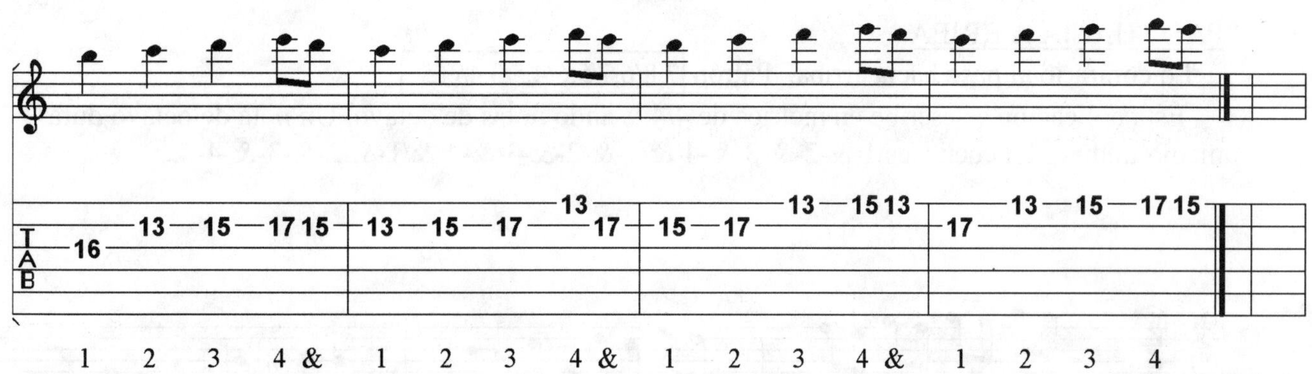

USA ESTA APLICACIÓN EN TODAS LAS POSICIONES DE ESCALA Y COMBÍNALA CON OTRAS APLICACIONES.

9. PASO HACIA ABAJO/PASO HACIA ARRIBA

PASO HACIA ABAJO

Comenzando con la 2ª nota de cualquier posición de escala, seguida de la 1ª, luego la 3ª seguida por la 2a, 4ª y 3ª, 5ª y 4a, etc. Patrón 2,1/3,2/4,3/5,4/6,5/7,6/etc...

Esta aplicación se escribe en métrica de 2/4 usando notas de cuarto. Hay dos tiempos por compás. Una nota de cuarto dura un tiempo. La cuenta es 1,2/1,2/1,2/1,2/1,2.

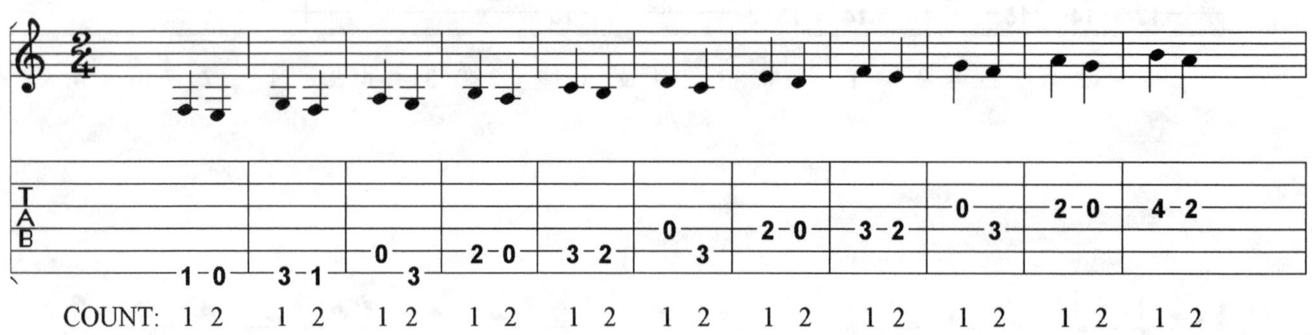

PASO HACIA A RRIBA

Lo contrario al paso hacia arriba. Patrón 7,8/6,7/5,6/4,5/3,4/etc...

Esta aplicación se escribe en métrica de 4/4 usando notas de octavo. Un nota de octavo dura medio tiempo. La cuenta es 1-&-2-&-3-&-4-&/1-&-2-&-3-&-4-&/1-&-2-&-3-&-4-&.

COUNT: 1 & 2 & 3 & 4 & 1 & 2 & 3 & 4 & 1 & 2 & 3 & 4 &

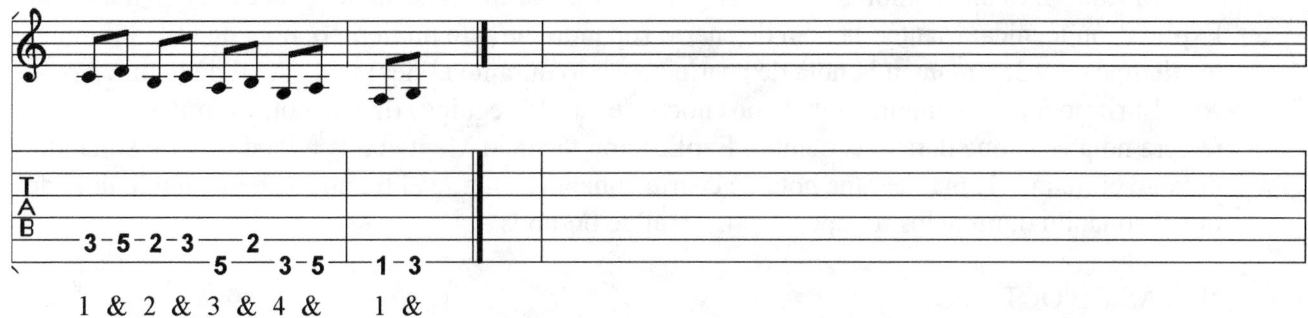

USA EL PASO HACIA ABAJO/ARRIBA EN TODAS LAS POSICIONES DE ESCALA Y COMBÍNALO CON OTRAS APLICACIONES.

EXPERIMENTACIÓN RÍTMICA

Al principio de este capítulo sugerí que trataras de tocar estas aplicaciones con distintos ritmos. A continuación te muestro principios básicos que te ayudarán a explorar aún más la rítmica. Esta tabla te enseñará las figuras rítmicas, desde nota entera hasta nota de dieciseisavo, en métrica de 4/4 (4 tiempos por compás).

Este ejemplo está escrito en métrica de 4/4. Un ritmo puede usar cualquier combinación de las figuras mostradas en la tabla siempre y cuando la cuenta total equivalga a 4 tiempos completos. Los siguientes ejemplos muestran combinaciones rítmicas, usando notas de mitad y de cuarto. Nota que cada compás equivale a 4 tiempos.

NOTAS DE MITAD Y DE CUARTO

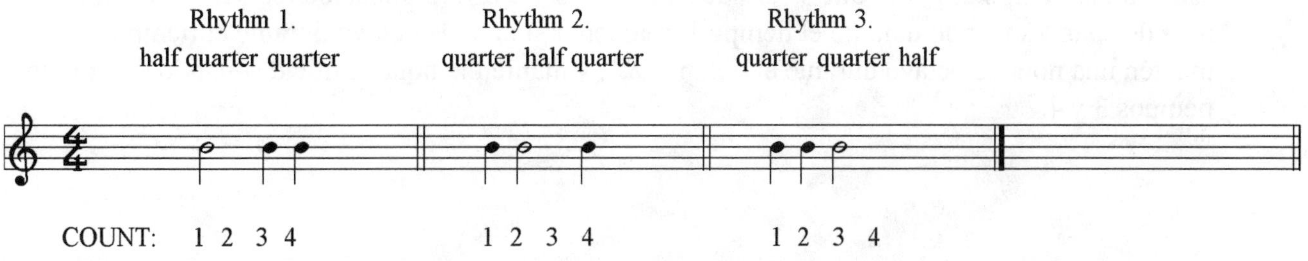

En el ritmo 1, la combinación es mitad, cuarto, cuarto, por lo que la primera nota es la que más dura. Explicación técnica: Mantén la nota de mitad sonando durante los tiempos 1 y 2, toca una nota de cuarto en el tiempo 3, toca una nota de cuarto en el tiempo 4. Total de tiempos = 4.

Puedes repetir este ritmo las veces que quieras. Puede aplicarse a una sola nota, notas de la escala, aplicaciones de escala, acordes, etc.

El ritmo 2 es una combinación de cuarto, mitad, cuarto. La segunda nota es la que más dura. Explicación técnica: Mantén la nota de cuarto sonando durante un tiempo, nota de mitad durante los tiempos 2 y 3, y mantén la nota de cuarto sonando durante el tiempo 4. Total de tiempos = 4.

El ritmo 3 es la combinación de dos notas de cuarto seguidas de una nota de mitad. La tercera nota es la que dura más tiempo. Explicación técnica: Mantén una nota de cuarto sonando durante el tiempo 1, mantén una nota de cuarto sonando durante el tiempo 2, y mantén la nota de mitad sonando durante los tiempos 3 y 4. Total de tiempos = 4.

NOTAS DE OCTAVO

Rhythm 1. half quarter eighth eighth — Rhythm 2. quarter half eighth eighth — Rhythm 3. quarter eighth eighth half

Una nota de octavo equivale a medio tiempo, por lo que cada tiempo se tiene que dividir en dos pulsos. En lugar de usar una cuenta básica: 1 2 3 4, las notas de octavo se cuentan: 1&2& 3&4&.

Notas de Cuarto: 1 2 3 4
Notas de Octavo: 1 & 2 & 3 & 4 &

En el ritmo 1, la combinación es mitad, cuarto, octavo, octavo. Ya que el cuarto tiempo consiste de 2 notas de octavo, se tienen que dividir en dos acentos. En lugar de contar el cuarto tiempo como 4, necesitas contarlo como "4 &." Explicación técnica: Mantén la nota de mitad sonando durante los tiempos 1 y 2, toca una nota de cuarto durante el tiempo 3, toca una nota de octavo durante el tiempo 4, toca una nota de octavo durante el tiempo "&". Total de tiempos = 4.

El ritmo 2 es la combinación de cuarto, mitad, octavo, octavo. De nuevo, el tiempo 4 se divide en 2 acentos para acomodar las notas de octavo. Explicación técnica: Mantén la nota de cuarto sonando durante el tiempo 1, mantén la nota de mitad sonando durante los tiempos 2 y 3, mantén la nota de octavo durante el tiempo 4, y mantén una nota de octavo durante el tiempo "&."

El ritmo 3 es la combinación de cuarto, octavo, octavo, mitad. Hay dos notas de octavo en el espacio del tiempo 2, por lo que se divide en 2 acentos (2 &). Explicación técnica: Mantén la nota de cuarto sonando durante el tiempo 1, mantén una nota de octavo durante el tiempo 2, mantén una nota de octavo durante el tiempo "&", y mantén la nota de mitad sonando durante los tiempos 3 y 4.

NOTAS DE DIECISEISAVO
Este ritmo usa notas de mitad, cuarto, octavo y dieciseisavo.

Las notas de dieciseisavo equivalen a un cuarto de tiempo, por lo que cada cuenta necesita ser dividida en 4 pulsos.

Notas de Cuarto:	1				2				3				4			
Notas de Octavo:	1		&		2		&		3		&		4		&	
Notas de Dieciseisavo:	1	e	&	a	2	e	&	a	3	e	&	a	4	e	&	a

En el ritmo 1, la combinación es mitad, octavo, octavo, dieciseisavo, dieciseisavo, dieciseisavo, dieciseisavo. Ya que el 4º tiempo consiste de cuatro dieciseisavos, tiene que ser dividido en cuatro acentos. En lugar de contar el cuarto tiempo como 4, tienes que contarlo como "4 e & a". Explicación técnica: Mantén la nota de mitad sonando durante los tiempos 1 y 2, toca una nota de octavo para el tiempo 3, toca una nota de octavo para el tiempo &, toca una nota de dieciseisavo para el tiempo 4, toca una nota de dieciseisavo para el tiempo "e", toca una nota de dieciseisavo durante el tiempo "&", y toca una nota de dieciseisavo para el tiempo "a". Total de tiempos = 4.

El ritmo 2 es una combinación de cuarto, octavo, octavo, dieciseisavo, dieciseisavo, dieciseisavo, dieciseisavo, cuarto. Hay 4 notas de dieciseisavo en el espacio del tiempo 3 por lo que se divide en cuatro acentos (3 e & a). Explicación técnica: Mantén la nota de cuarto sonando durante el tiempo 1, mantén una nota de octavo sonando durante el tiempo 2, mantén una nota de octavo sonando durante el tiempo "&", mantén una nota de dieciseisavo sonando durante el tiempo 3, toca una nota de dieciseisavo para el tiempo "e", toca una nota de dieciseisavo para el tiempo "&", toca una nota de dieciseisavo para el tiempo "a", y toca una nota de cuarto para el tiempo 4. Total de tiempos = 4.

CAPÍTULO 6
TÉCNICAS

Tocar notas es una cosa. Pero para conectar emocionalmente con un escucha, o con uno mismo como intérprete, es necesario hacer más que sólo tocar una nota. Hay que darle vida. Aunque no existe un sustituto para tocar con “alma”, aprender a usar técnicas te ayudará a llegar a ese nivel más rápidamente. Las técnicas que se ofrecen en este libro tienen la intención de darle vida a tu música. Al ir progresando como músico comencé a darme cuenta que una sola nota es tan importante, si no es que más importante, que cualquier grupo de notas. Dale vida a tu música. Ponle sentimiento a cada nota que toques. Cuando toques las notas de este libro, escúchalas cuidadosamente y trata de identificar un sentimiento o emoción. Éstas no son predeterminadas. No hay un sentimiento correcto o incorrecto. Todo es posible dentro de lo que escuchas y sientes. Esto es música. Y es en tu propio camino donde encontrarás cómo ser un mejor músico.

1. **DOBLE PLUMILLEO**

Toca cada nota dos veces con la plumilla.

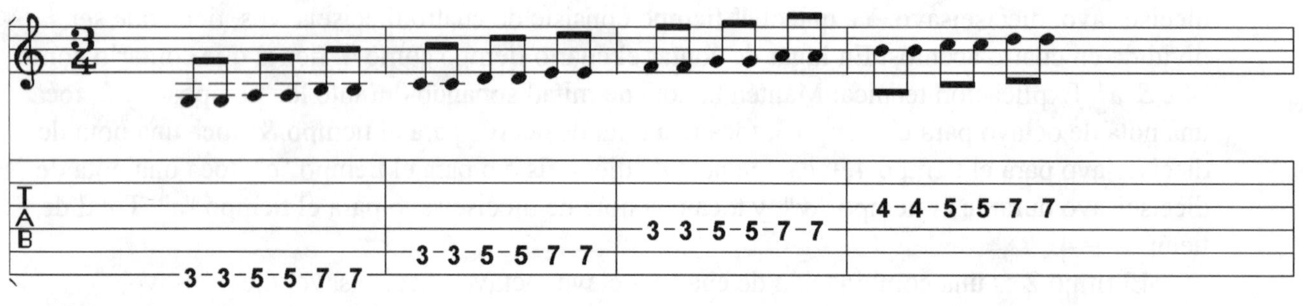

COUNT: 1 & 2 & 3 & etc...

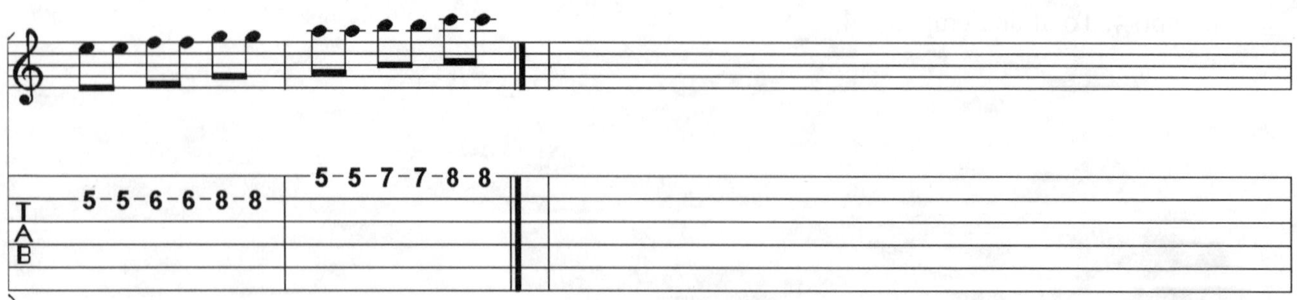

AHORA USA ESTA TÉCNICA CON CADA POSICIÓN DE ESCALA, APLICACIÓN Y RITMO.

2. TÉCNICA DE SORDINA CON LA PALMA O "PALM MUTE"

Esto se logra descansando la palma de tu mano derecha (si eres diestro) sobre la(s) cuerda(s) que estés tocando. También puedes usar tu meñique como una extensión de tu palma al usarla como sordina para alterar el sonido de las cuerdas más altas si tu palma no cubre las seis. Puedes alterar la duración de cada nota acercando o alejando tu palma del puente de la guitarra mientras tocas. El símbolo para indicar esta técnica es P.M., seguido de una línea punteada. La línea punteada se extiende a lo largo del rango al que quieras aplicar esta técnica. P.M................................

Observa el espacio que hay en el tercer compás; a la nota B (5ª cuerda, 2º traste) no se le aplica esta técnica.

Notice the break in the third measure where the B note, (5th string 2nd fret), is not palm muted.

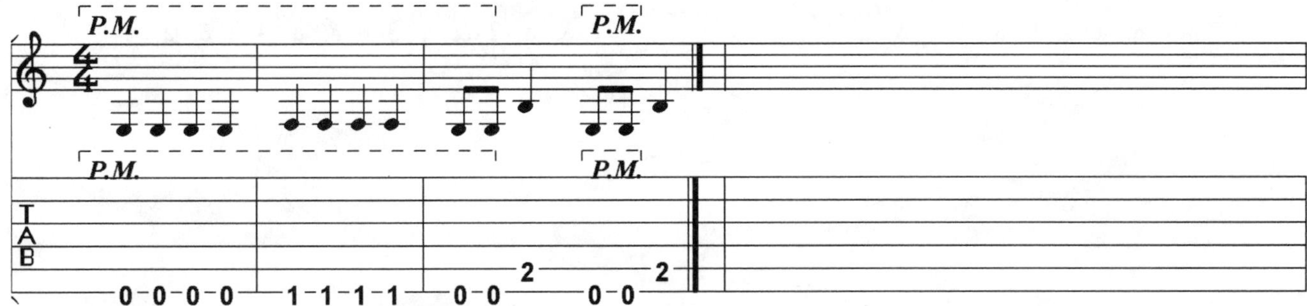

AHORA USA ESTA TÉCNICA EN CUALQUIER POSICIÓN DE ESCALA, APLICACIÓN, RITMO Y COMBINACIÓN DE LAS CUATRO.

COMBINACIÓN DE TÉCNICA Y APLICACIÓN

APLICACIÓN EN INCREMENTOS DE III Y IV

TÉCNICA DE DOBLE PLUMILLEO Y SORDINA CON PALMA

Esta combinación está escrita en métrica de 4/4 usando tresillos y dieciseisavos. La cuentas es 1-&-a-2-&-a-3-e-&-a-4-e-&-a/1-&-a-2-&-a-3-e-&-a-4-e-&-a/1-&-a-2-&-a-3-e-&-a-4-e-&-a.

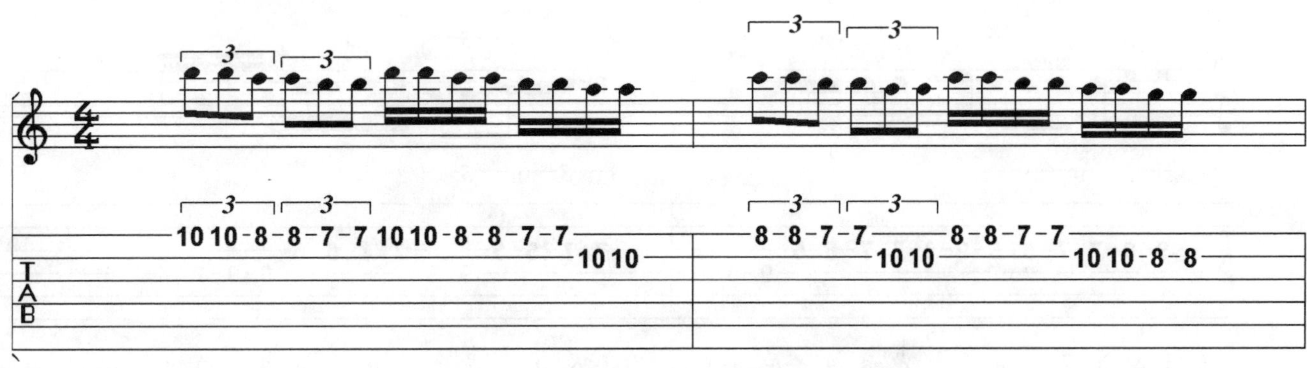

COUNT: 1 & a 2 & a 3 e & a 4 e & a 1 & a 2 & a 3 e & a 4 e & a

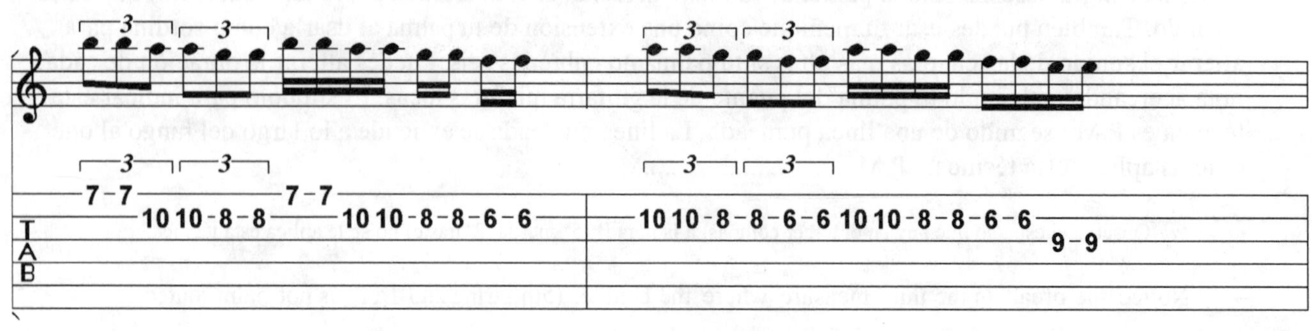
7-7 10 10-8-8 7-7 10 10-8-8-6-6
10 10-8-8-6-6 10 10-8-8-6-6 9-9
1 & a 2 & a 3 e & a 4 e & a 1 & a 2 & a 3 e & a 4 e & a

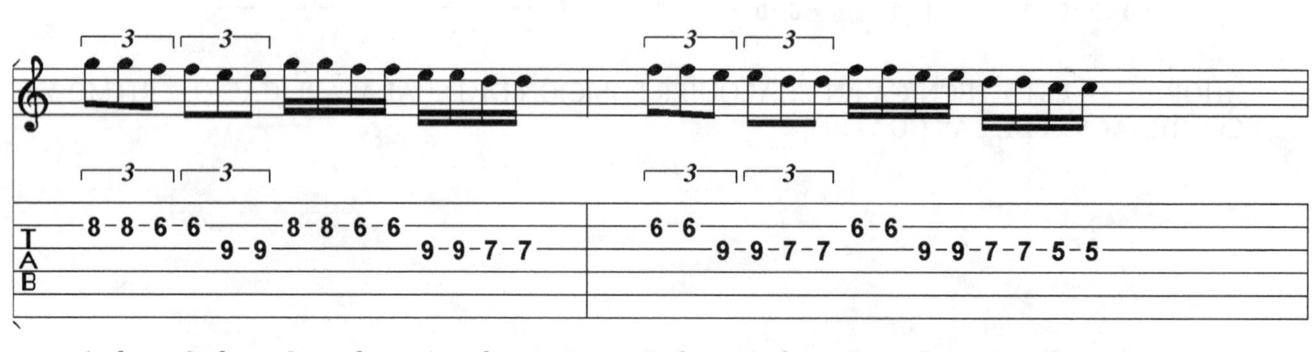
8-8-6-6 9-9 8-8-6-6 9-9-7-7
6-6 9-9-7-7 6-6 9-9-7-7-5-5
1 & a 2 & a 3 e & a 4 e & a 1 & a 2 & a 3 e & a 4 e & a

9-9-7-7-5-5-9-9-7-7-5-5 9-9
7-7-5-5 9-9 7-7-5-5 9-9-7-7
1 & a 2 & a 3 e & a 4 e & a 1 & a 2 & a 3 e & a 4 e & a

3 3 3 3
T
A
B
5-5 9-9-7-7 5-5 9-9-7-7-5-5
3 3 3 3
9-9-7-7-5-5-9-9-7-7-5-5 8-8
1 & a 2 & a 3 e & a 4 e & a
1 & a 2 & a 3 e & a 4 e & a

3 3 3 3
T
A
B
7-7-5-5 8-8 7-7-5-5 8-8-7-7
3 3 3 3
5-5 8-8-7-7 5-5 8-8-7-7-5-5
1 & a 2 & a 3 e & a 4 e & a
1 & a 2 & a 3 e & a 4 e & a

3 3 3 3
T
A
B
8-8-7-7-5-5-8-8-7-7-5-5 8-8
3 3 3 3
7-7-5-5 8-8 7-7-5-5 8-8-7-7
1 & a 2 & a 3 e & a 4 e & a
1 & a 2 & a 3 e & a 4 e & a

AHORA USA ESTA TÉCNICA EN CADA POSICIÓN DE ESCALA, APLICACIÓN, RITMO Y COMBINACIÓN DE LAS CUATRO.

3. **VIBRATO**

Esta técnica es excelente para desarrollar la fuerza. Se logra al estirar una nota de manera continua, regresándola después a su afinación original. Para aplicar esta técnica, deja que el pulgar de tu mano izquierda cuelgue sobre el brazo de tu guitarra, sobre tu dedo medio. Usa el dedo apropiado para sostener la nota que estés tocando. Estira o "agita" la cuerda girando tu antebrazo. No estires tu muñeca, ¡y no estires la cuerda doblando tus dedos! Es posible que te sea difícil aplicar el vibrato con tu meñique. Si es así, sustituye esas notas con tu dedo anular deslizándolo hasta la nota que quieras tocar.

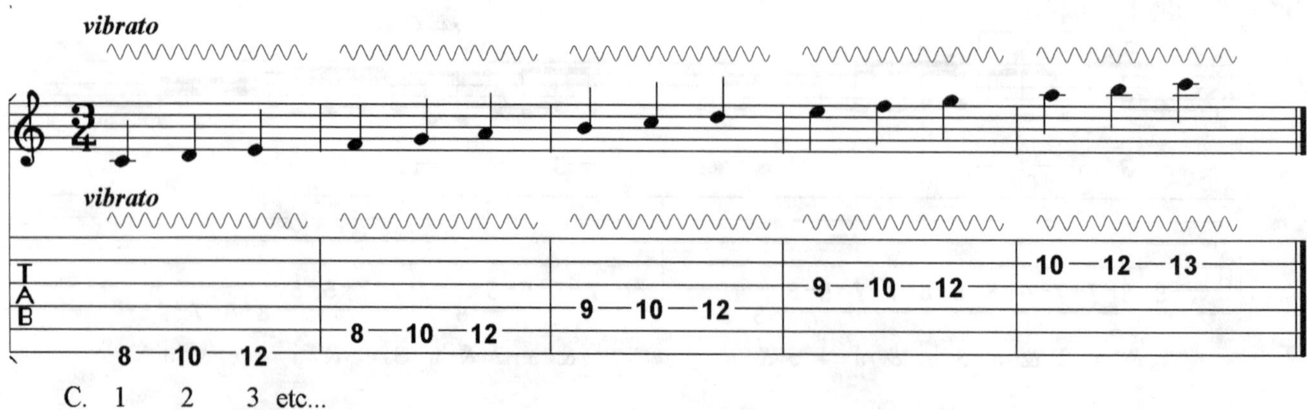

El vibrato es difícil de lograr en la 1ª cuerda de la mayoría de las guitarras.

4. **NOTAS DE PASO**

Éstas son notas que no pertenecen a la escala, tocadas entre notas que sí pertenecen a la escala. Las notas de paso pueden usarse para conectar dos notas de la escala. Las notas de paso pueden sonar incorrectas o fuera de secuencia. En este ejercicio, las iniciales "p.t." se han colocado arriba de cada nota de paso.

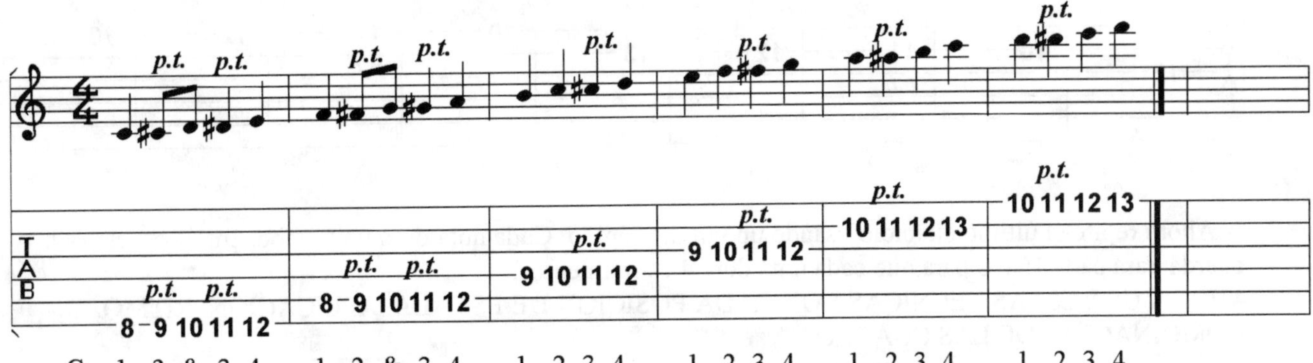

C: 1 2 & 3 4 1 2 & 3 4 1 2 3 4 1 2 3 4 1 2 3 4 1 2 3 4

AHORA USA ESTAS TÉCNICAS CON CADA POSICIÓN DE ESCALA, APLICACIÓN, RITMO, Y COMBINACIÓN DE LAS CUATRO.

COMBINACIÓN DE TÉCNICA Y APLICACIÓN

NOTAS DE PASO CON VIBRATO

Toca este ejercicio a un tempo lento, sosteniendo cada nota por 4 tiempos, y estirando las notas para cada tiempo.

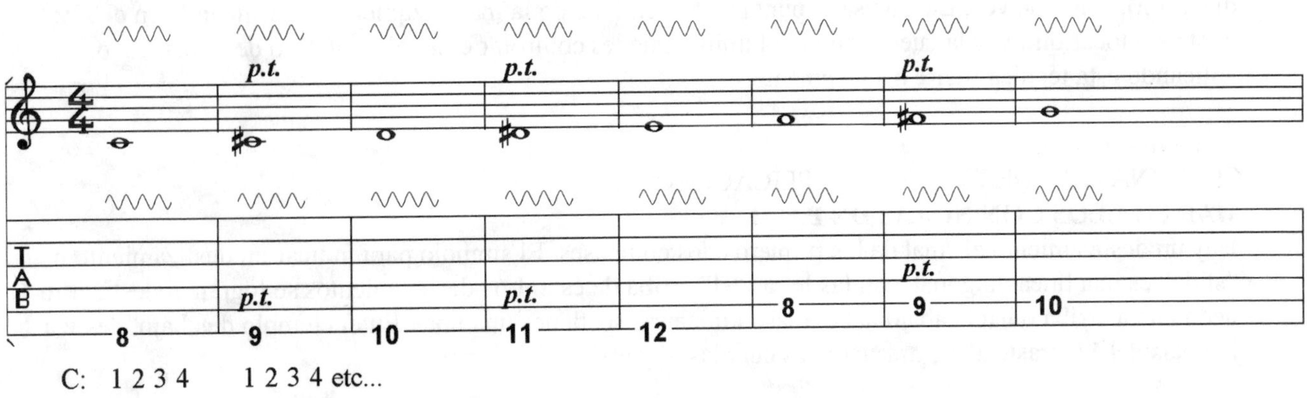

C: 1 2 3 4 1 2 3 4 etc...

Ahora repite el último ejercicio usando un vibrato rápido. Cada nota dura un tiempo, entonces, estira la cuerda para cada 16avo para que cada nota dure 4 estiramientos.

AHORA USA ESTAS TÉCNICAS CON CADA POSICIÓN DE ESCALA, APLICACIÓN, RITMO, Y COMBINACIÓN DE LAS CUATRO.

5. MARTILLEO O "HAMMER ON"

Esta técnica se logra tocando una nota y luego "martilleando" sobre un traste más alto en la misma cuerda con tu(s) dedo(s) libre(s) para producir otra nota sin volver a usar la plumilla.

EJEMPLO: Con la plumilla en la mano derecha, toca la 6ª cuerda en el 5º traste (con tu 1er dedo en el diapasón), sólo una vez. Luego usa la punta de tu 3er dedo de la mano izquierda, martilleando en el 7º traste sin tocar otra vez la cuerda con la plumilla. Puedes controlar el nivel de sonido de tu martilleo aplicando esta técnica fuerte o suavemente.

COMBINACIÓN DE TÉCNICA Y APLICACIÓN

MARTILLEOS CON NOTAS DE PASO

Hay un deslizamiento al final de los primeros dos compases. El símbolo para indicar un deslizamiento o "slide" es una línea diagonal, con las letras "sl" arriba de ésta. Los deslizamientos se logran al deslizar tu dedo hacia arriba o hacia abajo del diapasón mientras sostienes una nota. En el ejemplo de abajo, desliza la notas del 11º traste al 12º traste en las cuerdas 5ª y 6ª.

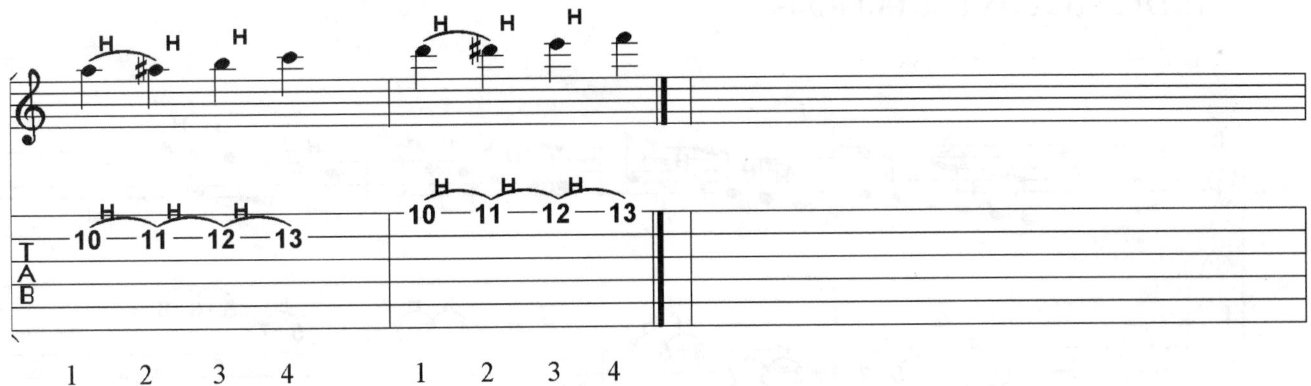

AHORA USA ESTAS TÉCNICAS CON CADA POSICIÓN DE ESCALA, APLICACIÓN, RITMO, Y COMBINACIÓN DE LAS CUATRO.

COMBINACIÓN DE TÉCNICA Y APLICACIÓN

MARTILLEOS O "HAMMER ONS" CON INCREMENTOS DE II

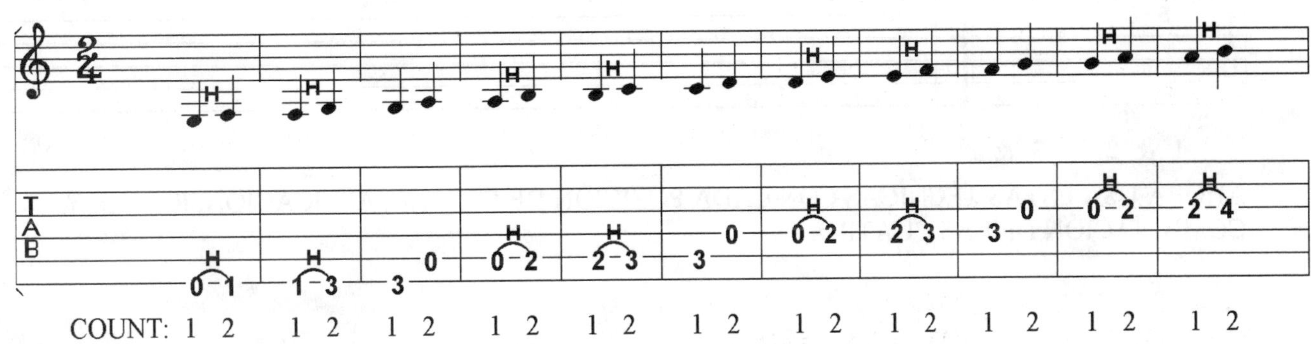

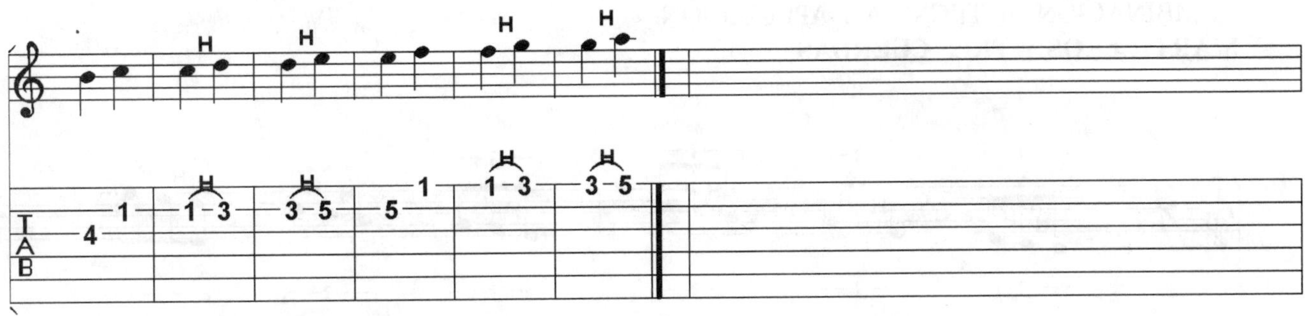

AHORA USA ESTAS TÉCNICAS CON CADA POSICIÓN DE ESCALA, APLICACIÓN, RITMO, Y COMBINACIÓN DE LAS CUATRO.

COMBINACIÓN DE TÉCNICA Y APLICACIÓN
MARTILLEOS CON DOS CUERDAS

AHORA USA ESTAS TÉCNICAS CON CADA POSICIÓN DE ESCALA, APLICACIÓN, RITMO, Y COMBINACIÓN DE LAS CUATRO.

COMBINACIÓN DE TÉCNICA Y APLICACIÓN
MARTILLEOS Y TRES CUERDAS

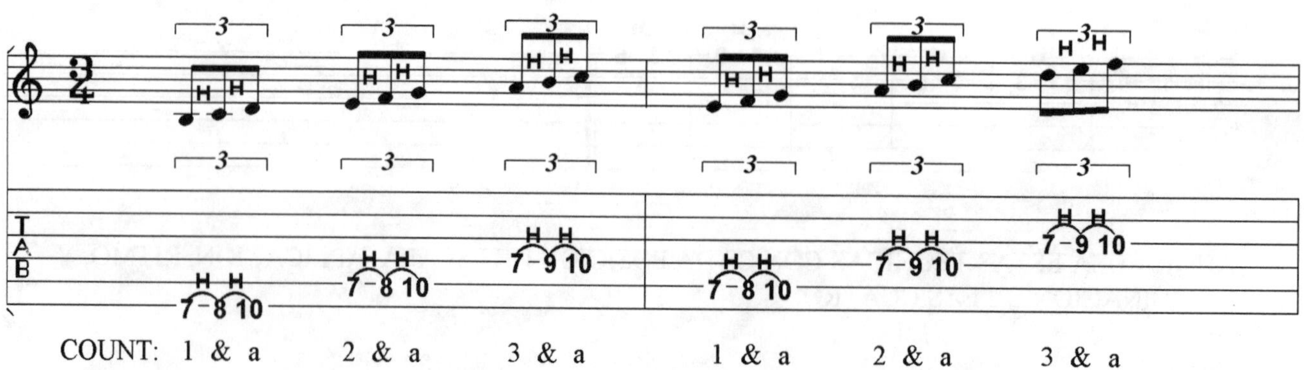

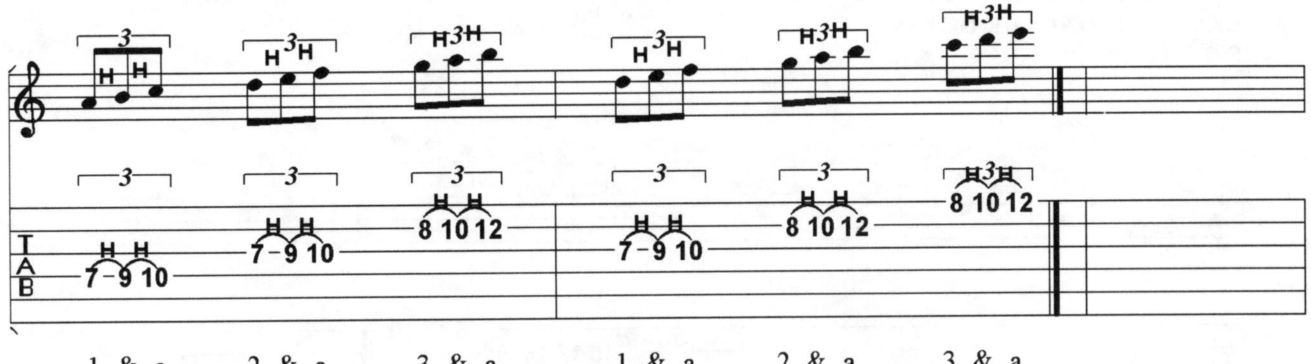

1 & a 2 & a 3 & a 1 & a 2 & a 3 & a

AHORA USA ESTAS TÉCNICAS CON CADA POSICIÓN DE ESCALA, APLICACIÓN, RITMO, Y COMBINACIÓN DE LAS CUATRO.

COMBINACIÓN DE TÉCNICA Y APLICACIÓN

MARTILLEOS E INCREMENTOS DE III

COUNT: 1 2 3 1 2 3 1 2 3 1 2 3 1 2 3 1 2 3 1 2 3 1 2 3

1 2 3 1 2 3 1 2 3 1 2 3 1 2 3 1 2 3 1 2 3 1 2 3

AHORA USA ESTA TÉCNICA CON CADA POSICIÓN DE ESCALA, APLICACIÓN, RITMO, Y COMBINACIÓN DE LAS CUATRO.

CAPÍTULO 7
ARRIBA DEL 12° TRASTE
LAS POSICIONES DE OCTAVA
F Ó 4ª POSICIÓN

AHORA APLICA CADA TÉCNICA, APLICACIÓN, RITMO, Y COMBINACIÓN DE LAS TRES A ESTA POSICIÓN DE ESCALA.

G ó 5ª POSICIÓN

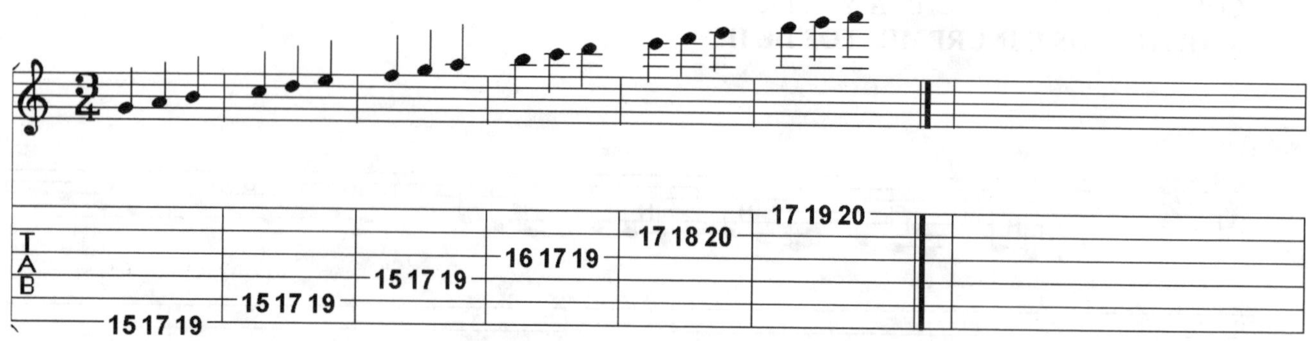

AHORA APLICA CADA TÉCNICA, APLICACIÓN, RITMO, Y COMBINACIÓN DE LAS TRES A ESTA POSICIÓN DE ESCALA.

A ó 6ª POSICIÓN. 1a POSICIÓN, TÓNICA MENOR

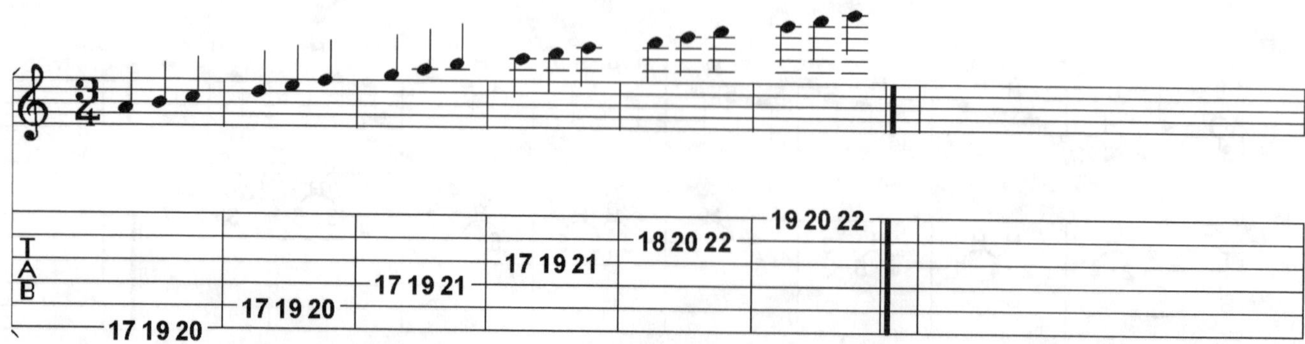

AHORA APLICA CADA TÉCNICA, APLICACIÓN, RITMO, Y COMBINACIÓN DE LAS TRES A ESTA POSICIÓN DE ESCALA.

B ó 7a POSICIÓN

AHORA APLICA CADA TÉCNICA, APLICACIÓN, RITMO, Y COMBINACIÓN DE LAS TRES A ESTA POSICIÓN DE ESCALA.

C ó 1ª POSICIÓN, TÓNICA MAYOR

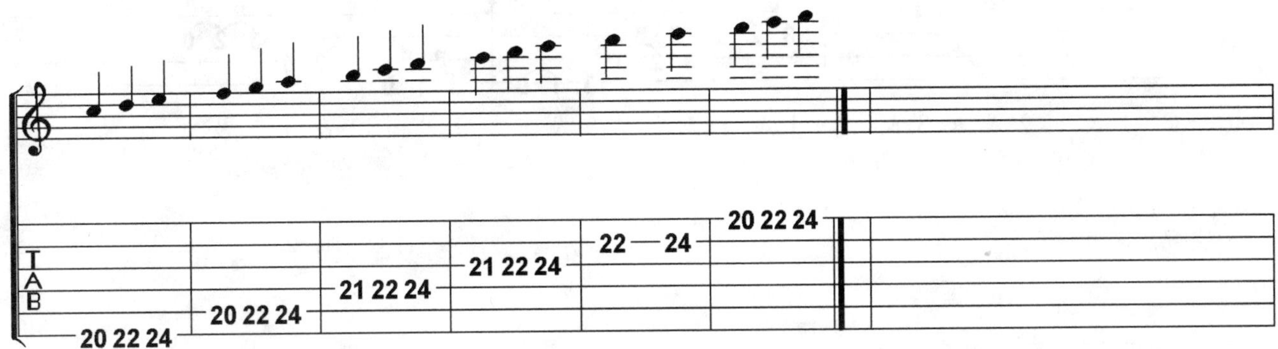

AHORA APLICA CADA TÉCNICA, APLICACIÓN, RITMO, Y COMBINACIÓN DE LAS TRES A ESTA POSICIÓN DE ESCALA.

CAPÍTULO 8
MÁS TÉCNICAS

6. JALONEOS O "PULL OFFS"

Lo contrario del martilleo. Los jaloneos se logran tocando una nota trasteada (es decir, no al aire) y jalando el dedo que estás usando para hacer sonar esa nota, separando la cuerda del diapasón a un ángulo de 45 grados, produciendo una nota de afinación más baja en la misma cuerda sin necesidad de tocarla con la plumilla. La nota que se produce con el jaloneo puede ser trasteada o al aire.

C: 1 & a 2 & a 3 & a 1 & a 2 & a 3 & a 1 & a 2 & a 3 & a

1 & a 2 & a 3 & a

AHORA USA ESTA TÉCNICA CON CADA POSICIÓN DE ESCALA, APLICACIÓN, RITMO, Y COMBINACIÓN DE LAS CUATRO.

COMBINACIONES DE MARTILLEOS Y JALONEOS

7. JALONEO CON MARTILLO/MARTILLO CON JALONEO

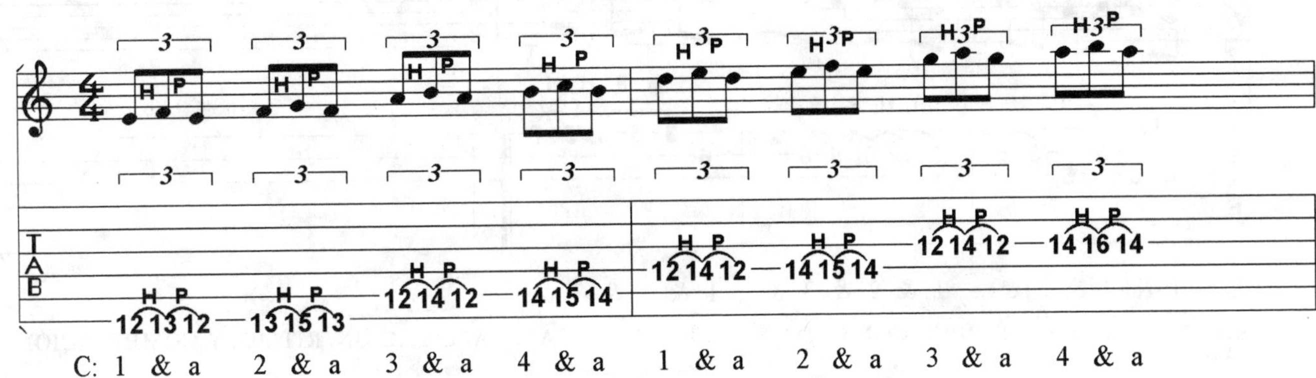

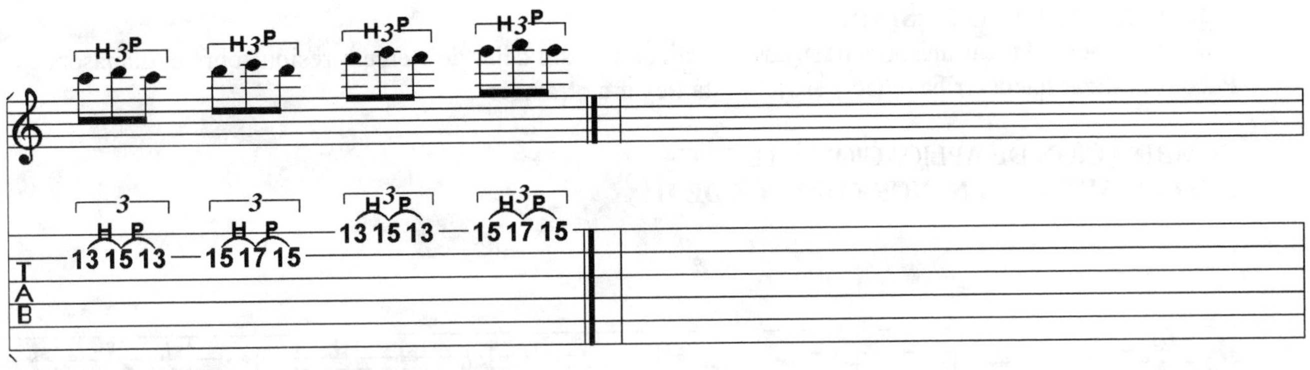

AHORA USA ESTA TÉCNICA CON CADA POSICIÓN DE ESCALA, APLICACIÓN, RITMO, Y COMBINACIÓN DE LAS CUATRO.

COMBINACIÓN DE TÉCNICAS Y APLICACIONES

MARTILLO CON JALONEO EN INCREMENTOS DE III

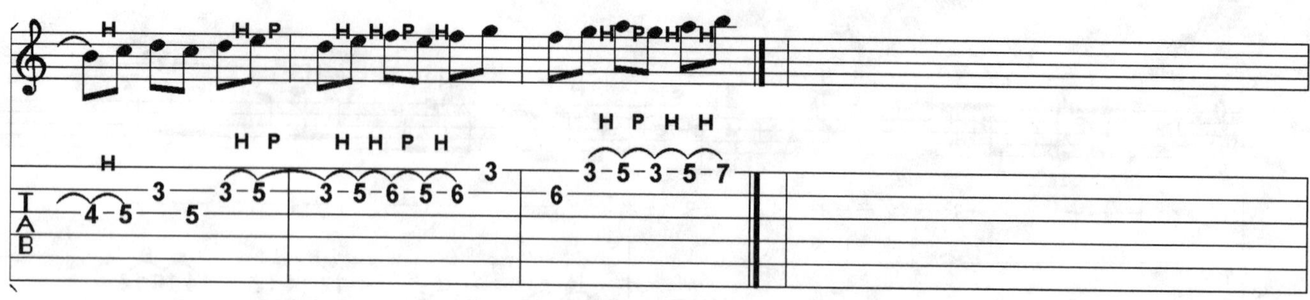

1 & 2 & 3 &   1 & 2 & 3 &   1 & 2 & 3 &

AHORA USA ESTA TÉCNICA CON CADA POSICIÓN DE ESCALA, APLICACIÓN, RITMO, Y COMBINACIÓN DE LAS CUATRO.

8. **DESLIZAMIENTO O "SLIDE"**

Esto se logra al tocar una nota trasteada y deslizándola sin dejar de ejercer presión sobre el diapasón. Puedes deslizar hacia arriba o hacia abajo, hasta llegar a otra nota.

COMBINACIÓN DE APLICACIÓN Y TÉCNICA

DESLIZAMIENTO EN INCREMENTOS DE III

C: 1 2 3 4   1 2 3 4   1 2 3 4   1 2 3 4

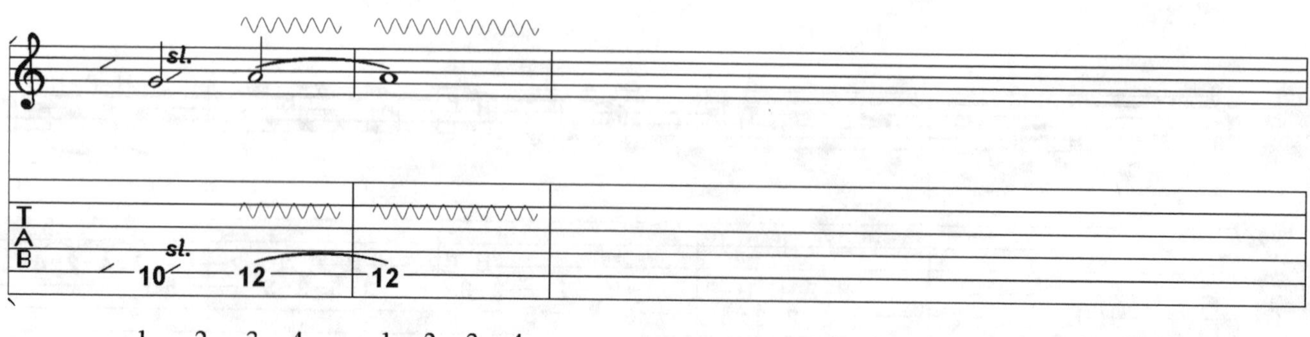

1 2 3 4   1 2 3 4

AHORA USA ESTA TÉCNICA CON CADA POSICIÓN DE ESCALA, APLICACIÓN, RITMO, Y COMBINACIÓN DE LAS CUATRO.

CUATRO NOTAS POR CUERDA CON DESLIZAMIENTO

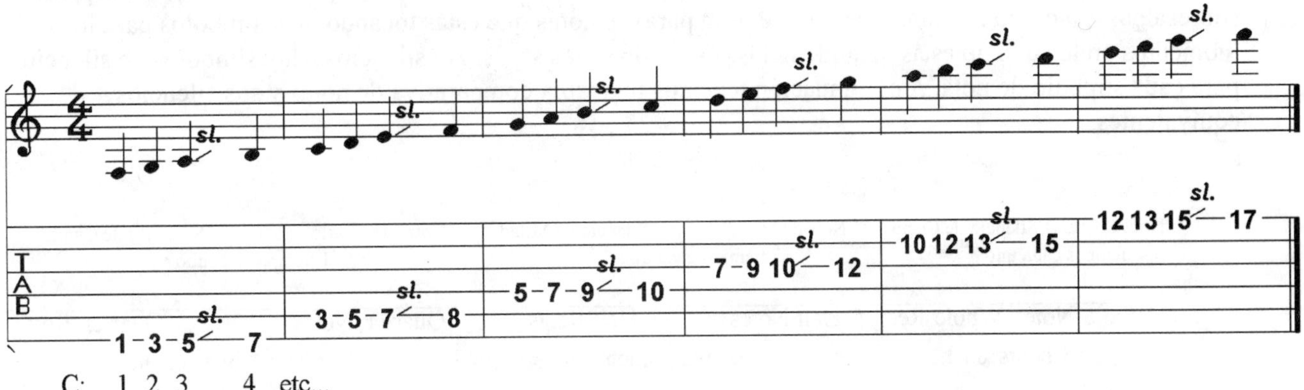

AHORA USA ESTA TÉCNICA CON CADA POSICIÓN DE ESCALA, APLICACIÓN, RITMO, Y COMBINACIÓN DE LAS CUATRO.

9. **OLEADAS DE VOLUMEN**

Esta técnica se limita a la guitarra eléctrica. Le da al instrumento un sonido de violín. Se logra tocando una nota con la perilla de volumen de tu guitarra en la posición "cero", incrementando el volumen con la perilla mientras sostienes la nota.

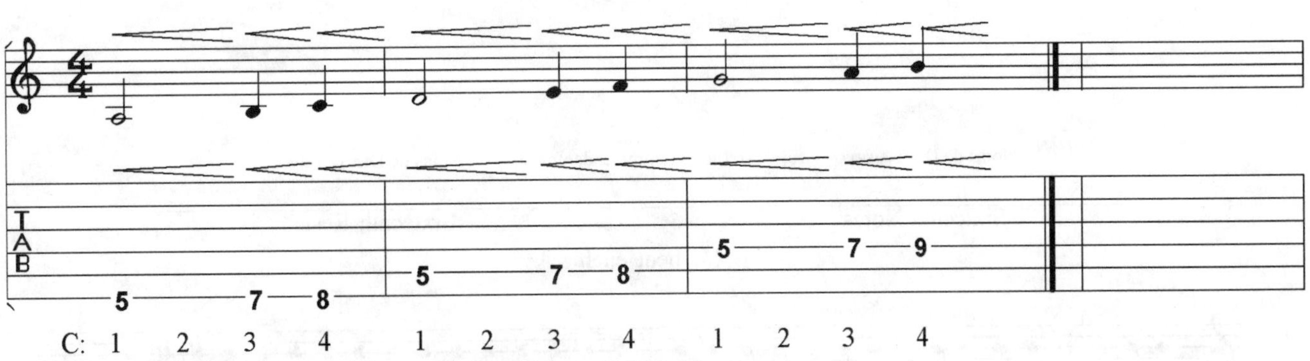

AHORA USA ESTA TÉCNICA CON CADA POSICIÓN DE ESCALA, APLICACIÓN, RITMO, Y COMBINACIÓN DE LAS CUATRO.

EXPERIMENTACIÓN RÍTMICA II: NOTAS Y SILENCIOS

La música se compone de más que notas. A veces la ausencia de notas puede hacer que una pieza sobresalga. Así como hay símbolos que se usan para las notas que estás tocando, hay símbolos para los momentos en los que no estás tocando notas. Estos símbolos se llaman silencios. Hay símbolos de silencio para cada símbolo de nota. A continuación tenemos una tabla comparativa de notas y sus silencios equivalentes.

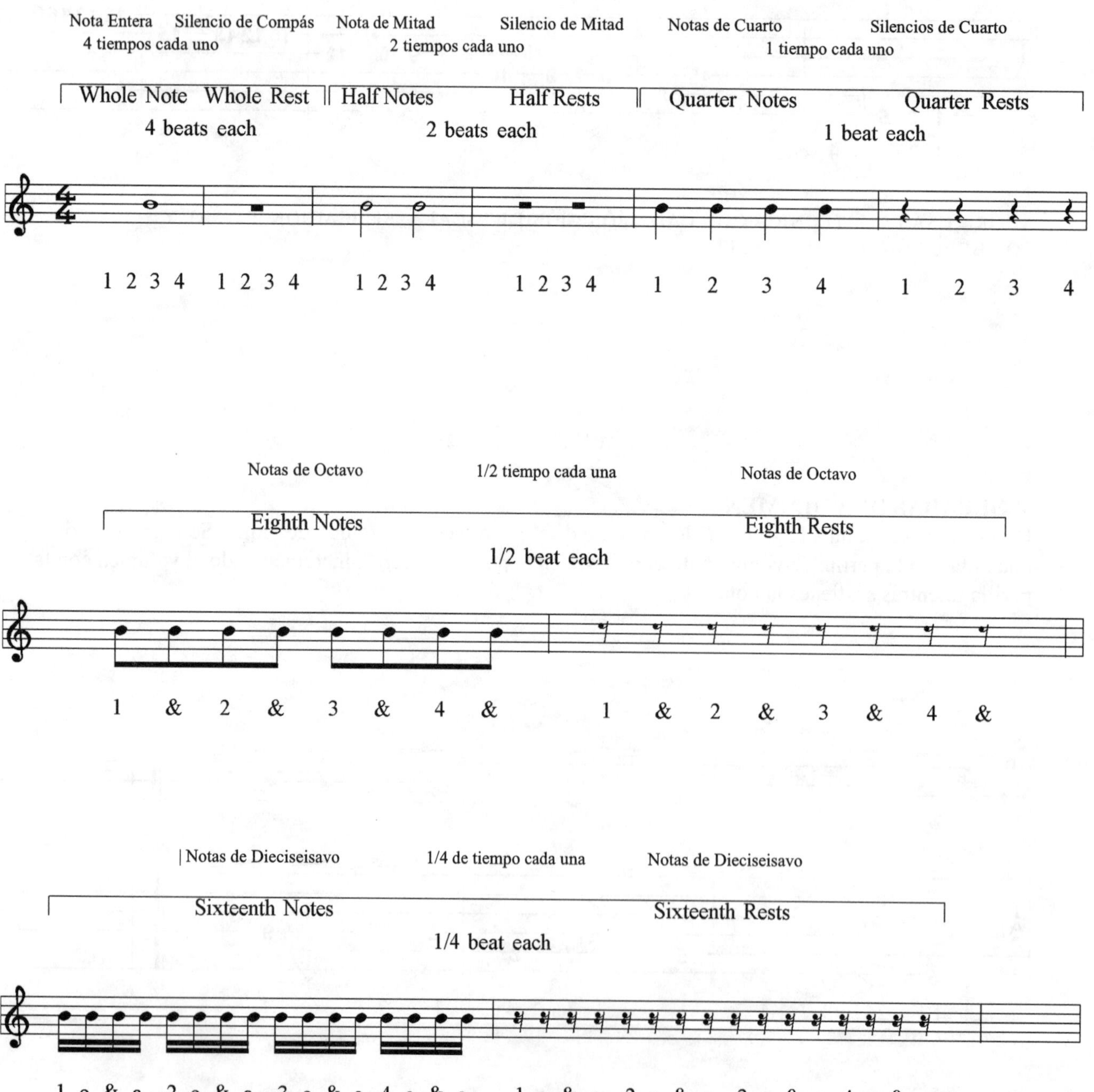

He aquí algunos ritmos básicos que combinan notas y silencios. Repite cada ritmo varias veces hasta que te sientas cómodo tocándolo. Para empezar, aplica cada ritmo a una nota. Cuando puedas tocar un ritmo de manera fluida, aplícalo a los acordes y múltiples notas de la escala.

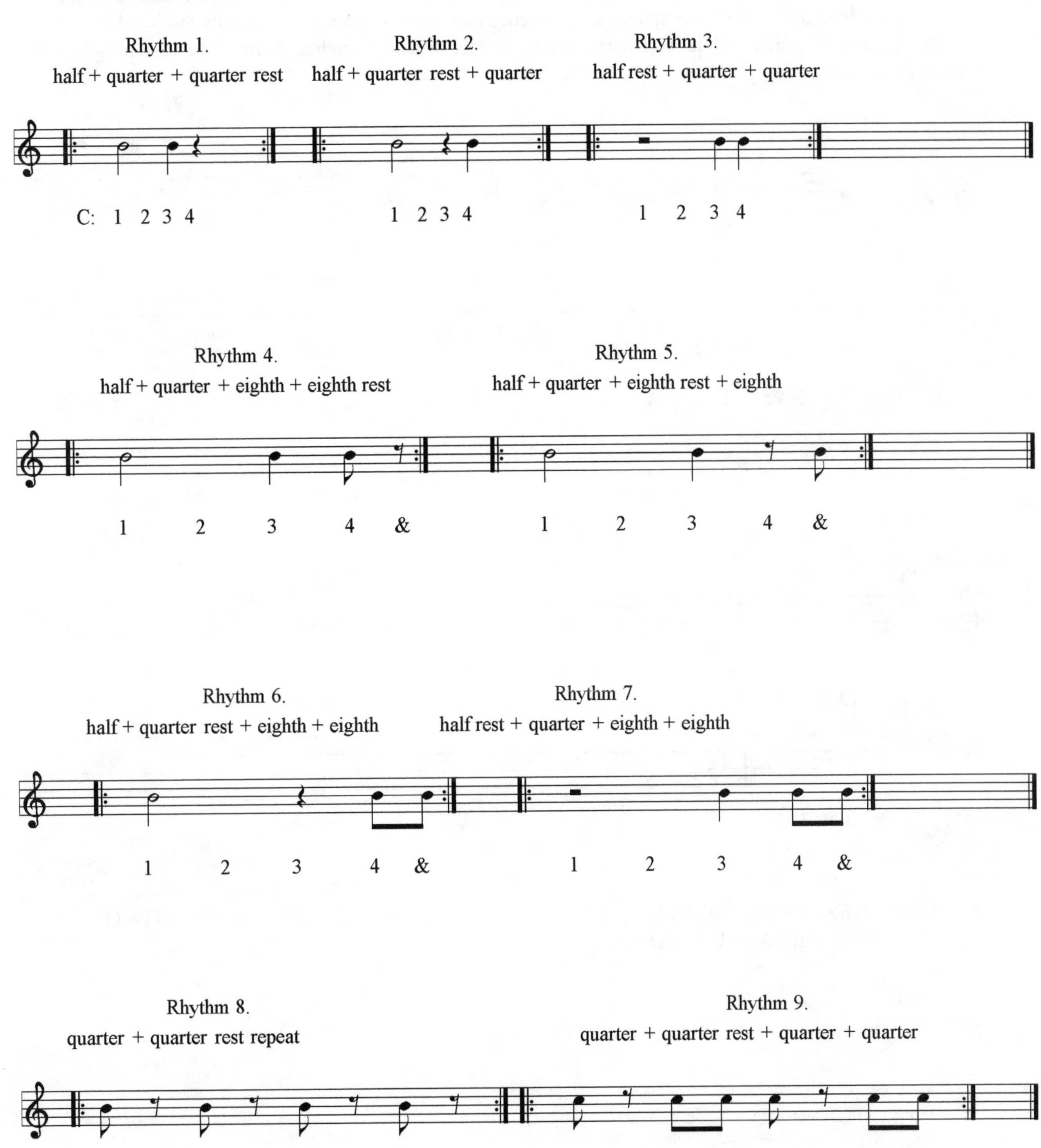

10. **"DAMPING"**

Esta técnica se usa para reducir la duración de la nota que se está tocando. EJEMPLO: Toca la 6ª cuerda en el 1er traste. Cuando la nota haya sonado, deja de presionar el diapasón con tu dedo hasta que la nota deje de sonar. Asegúrate de que tu dedo de la mano izquierda siga tocando la cuerda cuando lo hagas. Si separas tu dedo de la cuerda completamente, puedes hacer que se produzca una nota indeseada.

Otra manera de aplicar esta técnica a una cuerda es descansando la palma de tu mano derecha sobre la cuerda después de haber producido el sonido de la nota.

AHORA USA ESTAS TÉCNICAS EN CADA POSICIÓN DE ESCALA, APLICACIÓN, RITMO, Y COMBINACIÓN DE LAS CUATRO.

11. ARMÓNICOS

Los armónicos producen un sonido como de campana. Se logran colocando tu dedo apenas encima del traste indicado en la cuerda que estés tocando. No apliques presión a la cuerda, y no permitas que otros dedos toquen la cuerda. De hecho, una vez tocado el armónico, puedes separar tu(s) mano(s) de la(s) cuerda(s) completamente.

Los armónicos naturales sólo pueden producirse sobre la cejilla (para cuerdas al aire), y en los trastes 5º, 7º, 12º, 17º, 19º y 24º.

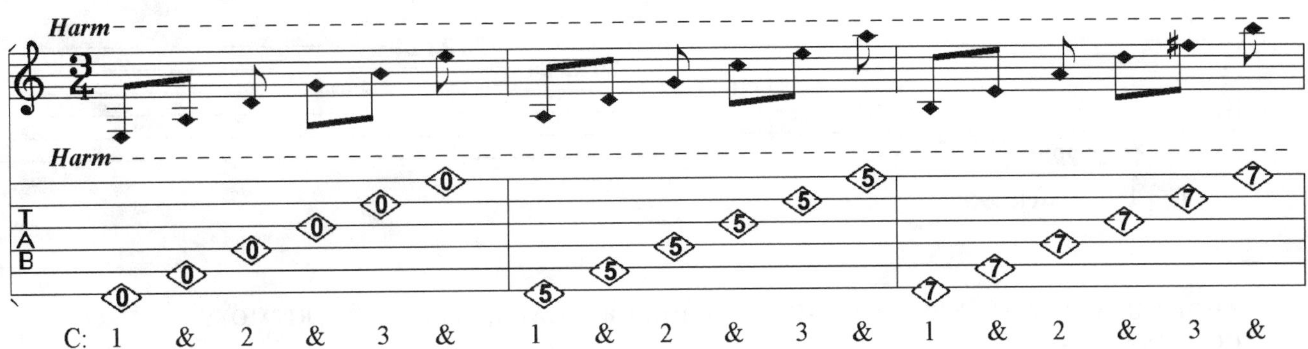

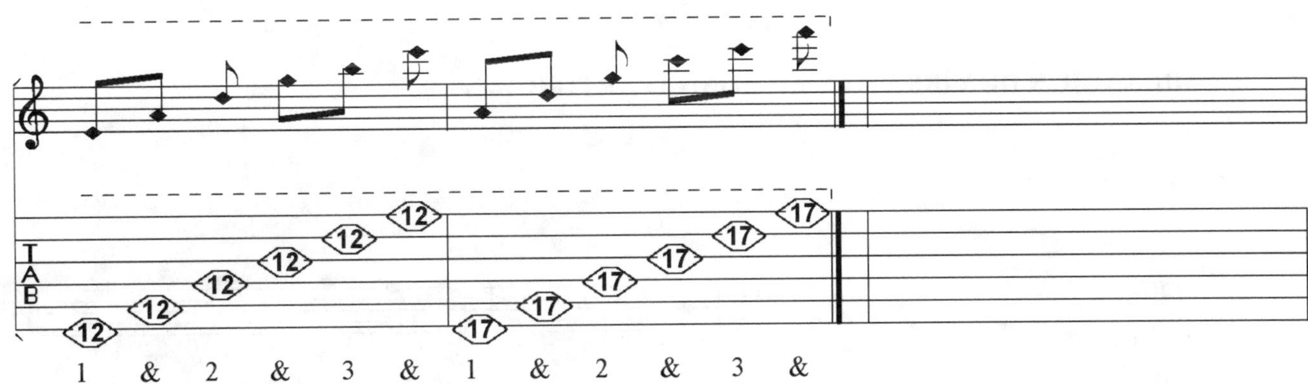

AHORA USA ESTA TÉCNICA CON CADA POSICIÓN DE ESCALA, APLICACIÓN, RITMO, Y COMBINACIÓN DE LAS CUATRO.

Date tiempo para experimentar con armónicos sobre otros trastes. Descubrirás que puedes lograr armónicos naturales en otras áreas de las cuerdas. Sin embargo, no sonarán de manera tan clara como las notas que se muestran arriba.

12. ARMÓNICOS ARTIFICIALES/CHILLIDO DE NOTA

Esto se logra al tocar una nota trasteada y permitiendo que el pulgar de tu mano derecha toque la cuerda cuando la toques con la plumilla. Esto producirá una nota más aguda (chillante) además de la nota original que tocaste.

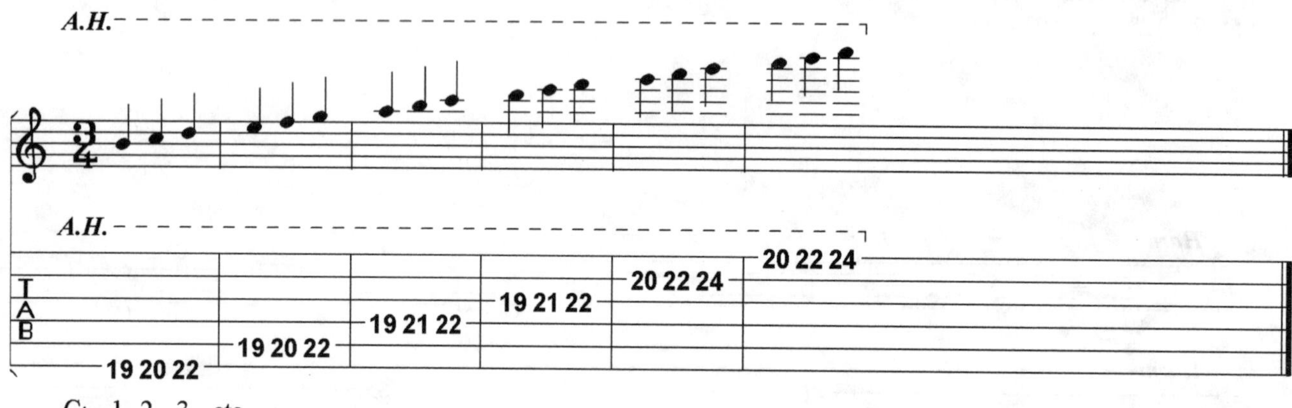

C: 1 2 3 etc

AHORA USA ESTA TÉCNICA CON CADA POSICIÓN DE ESCALA, APLICACIÓN, RITMO, Y COMBINACIÓN DE LAS CUATRO.

COMBINACIÓN DE VIBRATO Y ARMÓNICO ARTIFICIAL

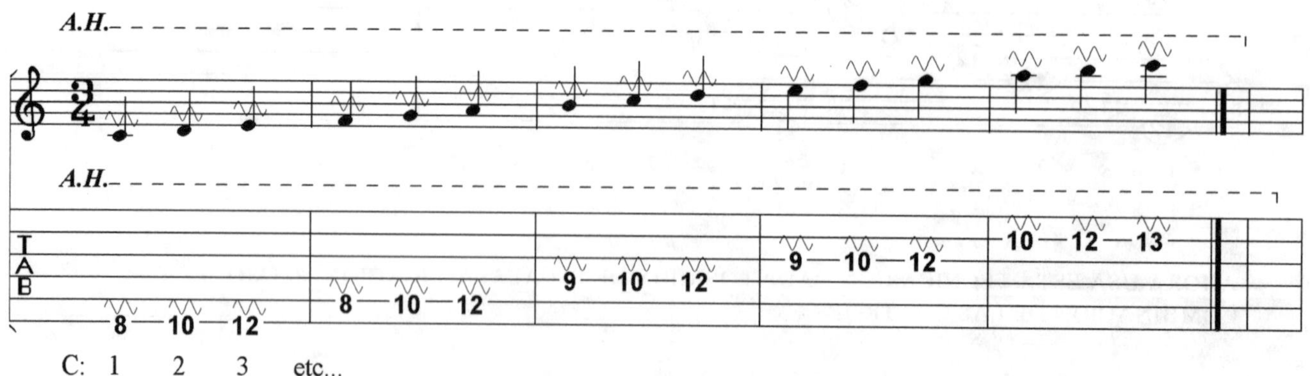

C: 1 2 3 etc...

AHORA USA ESTA TÉCNICA CON CADA POSICIÓN DE ESCALA, APLICACIÓN, RITMO, Y COMBINACIÓN DE LAS CUATRO.

13. **ARMÓNICOS ARTIFICIALES CON LA MANO DERECHA/ARMÓNICOS DE PALMA**

Usa un dedo o la palma de tu mano derecha para tocar muy ligeramente la cuerda *12 trastes arriba de la nota trasteada, mientras tocas esa nota con la plumilla.

C: 1 2 3 1 2 3 etc...

*Tamién puedes producir armónicos de palma en otras áreas de la cuerda. Los armónicos más notorios son producidos 5, 7, 12, 17, 19, & 24 trastes arriba de la nota trasteada.

AHORA USA ESTA TÉCNICA CON CADA POSICIÓN DE ESCALA, APLICACIÓN, RITMO, Y COMBINACIÓN DE LAS CUATRO.

14. **TRÉMOLO CON PLUMILLA**

Producido al tocar una nota rápidamente con la plumilla.

C: 1 2 3 4 1 2 3 4 1 2 3 4

AHORA USA ESTA TÉCNICA CON CADA POSICIÓN DE ESCALA, APLICACIÓN, RITMO, Y COMBINACIÓN DE LAS CUATRO.

CAPÍTULO 9
"TAPPING"

Esta técnica se logra usando el dedo índice o medio de tu mano derecha para martillear o golpear sobre un traste, producir una nota, jalando después y produciendo una nota abierta o trasteada. La notación musical para la técnica de "tapping" es un +, (signo de adición), o una T.

TAP HAMMER

C: 1 2 3 4 etc...

AHORA USA ESTA TÉCNICA CON CADA POSICIÓN DE ESCALA, APLICACIÓN, RITMO, Y COMBINACIÓN DE LAS CUATRO.

En este ejemplo moveremos el dedo que martillea o golpea mientras los dedos que están en los trastes tocan las mismas notas.

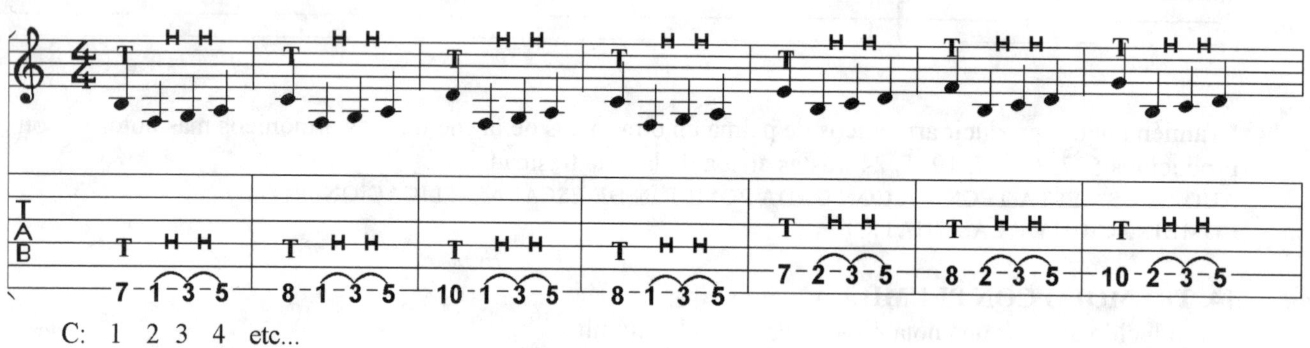

C: 1 2 3 4 etc...

AHORA USA ESTA TÉCNICA CON CADA POSICIÓN DE ESCALA, APLICACIÓN, RITMO, Y COMBINACIÓN DE LAS CUATRO.

Aquí moveremos nuestros dedos del diapasón mientras nuestro dedo de la mano derecha toca la misma nota.

AHORA USA ESTA TÉCNICA CON CADA POSICIÓN DE ESCALA, APLICACIÓN, RITMO, Y COMBINACIÓN DE LAS CUATRO.

TAP-JALONEO-MARTILLEO

1 & 2 & 3 & 4 &   1 & 2 & 3 & 4 &

AHORA USA ESTA TÉCNICA CON CADA POSICIÓN DE ESCALA, APLICACIÓN, RITMO, Y COMBINACIÓN DE LAS CUATRO.

TAP-MARTILLEO-TAP-JALONEO

C: 1 & 2 & a 3 & 4 & a   1 & 2 & a 3 & 4 & a   1 & 2 & a 3 & 4 & a

1 & 2 & a 3 & 4 & a

AHORA USA ESTA TÉCNICA CON CADA POSICIÓN DE ESCALA, APLICACIÓN, RITMO, Y COMBINACIÓN DE LAS CUATRO.

No existen límites cuando se trata de mezclar escalas, aplicaciones, patrones y ritmos. Usa lo que has aprendido y encuentra una manera de mezclarlo con el “tapping”.

ARMÓNICOS CON TAPPING

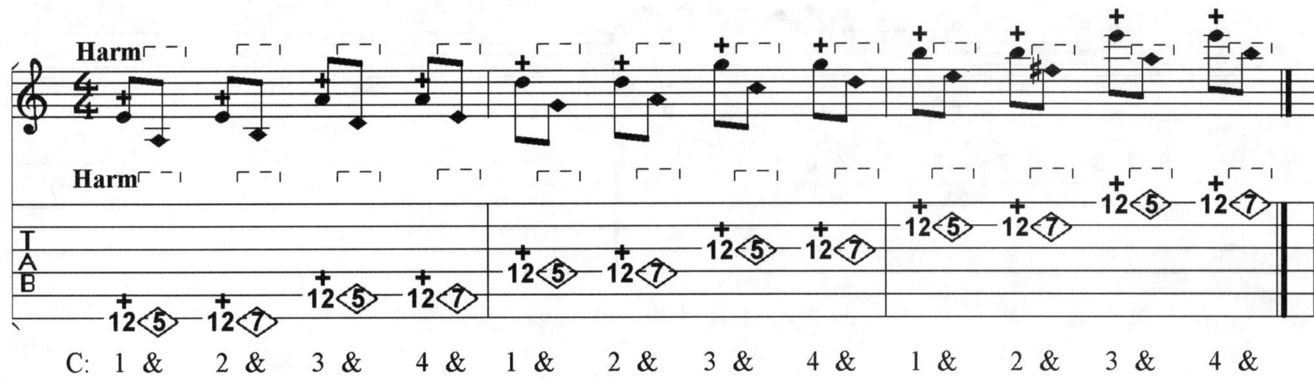

AHORA USA ESTA TÉCNICA CON CADA POSICIÓN DE ESCALA, APLICACIÓN, RITMO, Y COMBINACIÓN DE LAS CUATRO.

TÉCNICAS DE TAP Y MARTILLEO

ESTA TÉCNICA SE APLICA PARA QUE LA MANO QUE HAGA EL "TAPPING" SIGA A LA MANO QUE TOCA SOBRE LOS TRASTES MIENTRAS SE MUEVE HACIA ABAJO DEL DIAPASÓN EN MOVIMIENTOS DE II...

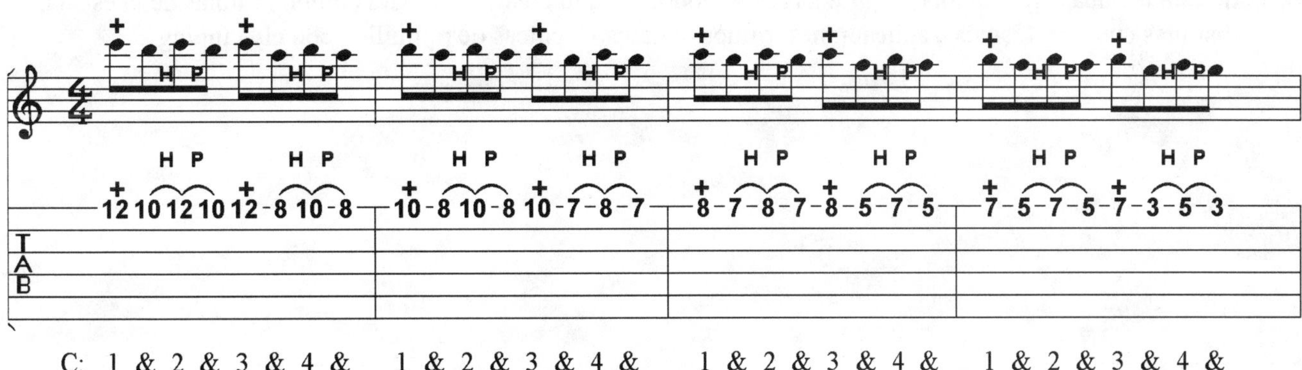

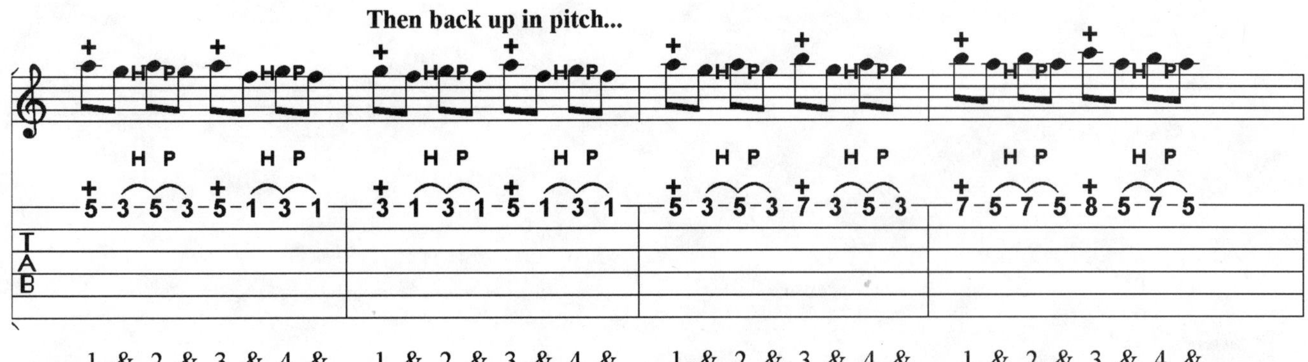

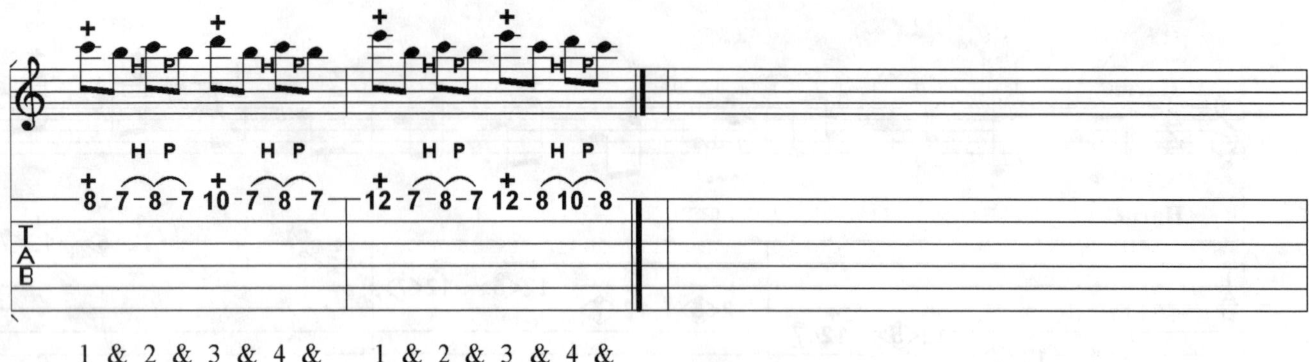

AHORA USA ESTA TÉCNICA CON CADA POSICIÓN DE ESCALA, APLICACIÓN, RITMO, Y COMBINACIÓN DE LAS CUATRO.

APLICA EL "TAPPING" EN DIFERENTES POSICIONES

1. Puedes dejar tu mano izquierda en el mismo lugar, mientras mueves la derecha a una nueva posición.

2. Toca con tu mano derecha en el mismo traste mientras mueves la izquierda.

3. Alarga o acorta la distancia entre tu manos derecha e izquierda.

Hay un número infinito de posibilidades cuando se trata de usar el "tapping". Explora las posibilidades de esta técnica estudiándola durante largos períodos. Usa tu creatividad para combinar notas de la escala, distintas cuerdas, técnicas, aplicaciones, ritmos e incluso técnicas de plumilleo con el "tapping".

CAPÍTULO 10

ESTIRAMIENTO DE LAS CUERDAS O "BENDING"

Usa esta técnica para alterar la afinación de una nota al estirar la cuerda con tus dedos. Para aplicar esta técnica permite que el pulgar de tu mano izquierda cuelgue sobre el brazo de tu guitarra, arriba de tu dedo medio. La nota que quieras estirar debe (en la mayoría de los casos) tocarse con tu dedo anular (3), usando el dedo medio como apoyo en el traste inmediato anterior. Conforme tus dedos adquieren más fuerza esto posiblemente dejará de ser necesario. Tu dedo índice descansa sobre el resto de las cuerdas para evitar así notas indeseadas.

EJEMPLO: Si quisieras estirar en la nota de la 2ª cuerda en el 8° traste, tu 3er dedo se colocaría en el 8° traste, tu 2° dedo sobre el 7° traste, tu dedo índice (1er dedo) descansaría ligeramente sobre las cuerdas 1ª, 2ª, 3ª, y posiblemente 4ª. Tu pulgar colgaría sobre el brazo de tu guitarra, arriba del 2° dedo en el 7° traste.

Para quedarte en la tonalidad mientras estiras cuerdas, debes estirarlas en grados de la escala. Los grados de la escala son semitonos, tonos enteros, tonos más semitonos, dos tonos, etc. Un semitono es equivalente a un traste.

EJEMPLO: Si estás tocando la escala natural y quieres estirar una nota B tendrías que estirar la nota un semitono para producir una nota C, 1 ½ tonos para producir una nota D, 2 ½ tonos para producir una nota E. Si estiras una cuerda más de la cuenta, la romperás. Dos tonos y medio es normalmente el límite de estiramiento para una cuerda.

Escucha tus estiramientos cuidadosamente y aprende a identificar la diferencia entre los distintos grados de la escala.

ALGUNAS RECOMENDACIONES PRÁCTICAS PARA EL ESTIRAMIENTO DE CUERDAS
½ TONO= 1 TRASTE
1 TONO = 2 TRASTES
1 ½ TONOS = 3 TRASTES
2 TONOS = 4 TRASTES
ETC...

TAMBIÉN, AL ESTIRAR LAS CUERDAS 1ª, 2ª, y 3ª, HAZLO HACIA ARRIBA; SI ESTIRAS LAS CUERDAS 6, 5, & 4, HAZLO HACIA ABAJO.

1. ESTIRAMIENTOS EN SEMITONOS

Este ejercicio está diseñado para acostumbrar a tu oído a escuchar semitonos.

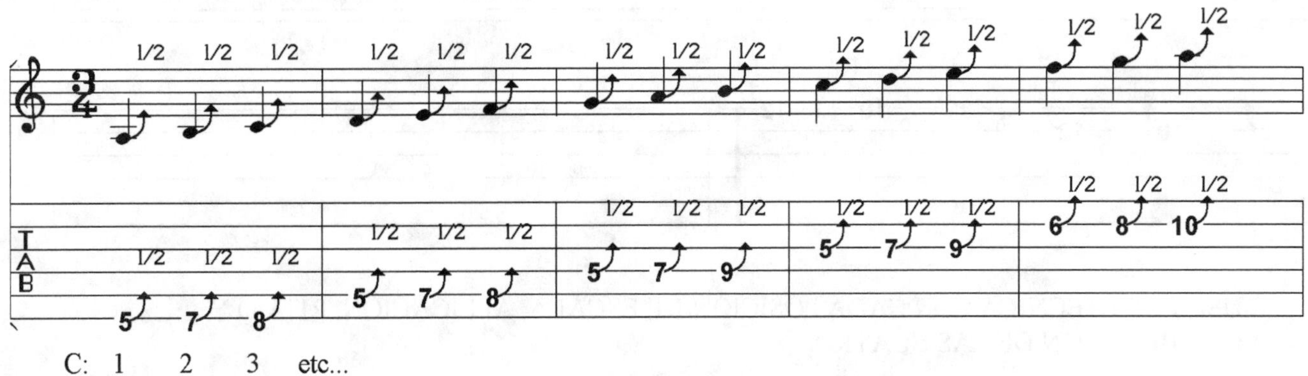

USA ESTA TÉCNICA CON CADA POSICIÓN DE ESCALA, APLICACIÓN, RITMO Y COMBINACIÓN DE LAS CUATRO.

2. **ESTIRAMIENTOS DE TONO ENTERO**

USA ESTA TÉCNICA CON CADA POSICIÓN DE ESCALA, APLICACIÓN, RITMO Y COMBINACIÓN DE LAS CUATRO.

3. **ESTIRAMIENTOS DE TONO Y MEDIO**

USA ESTA TÉCNICA CON CADA POSICIÓN DE ESCALA, APLICACIÓN, RITMO Y COMBINACIÓN DE LAS CUATRO.

4. **ESTIRAMIENTOS A LA SIGUIENTE NOTA DE LA ESCALA**

Para mantener la entonación adecuada tendrás que mezclar estiramientos de 1 y de 1/2 tonos.

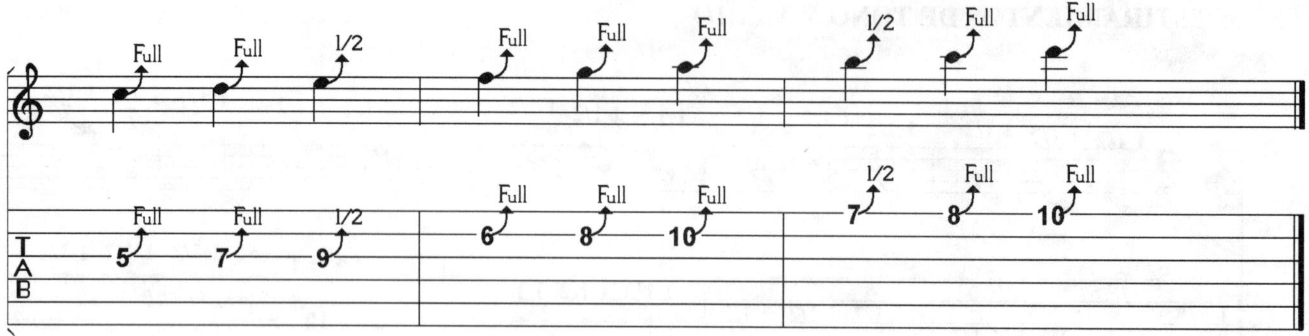

USA ESTA TÉCNICA CON CADA POSICIÓN DE ESCALA, APLICACIÓN, RITMO Y COMBINACIÓN DE LAS CUATRO.

LAS APLICACIONES DEL ESTIRAMIENTO

El estiramiento o "bending" es una técnica con muchas aplicaciones. Puedes crear muchas frases interesantes con sólo estirar un nota.

1. **ESTIRA Y SUELTA**

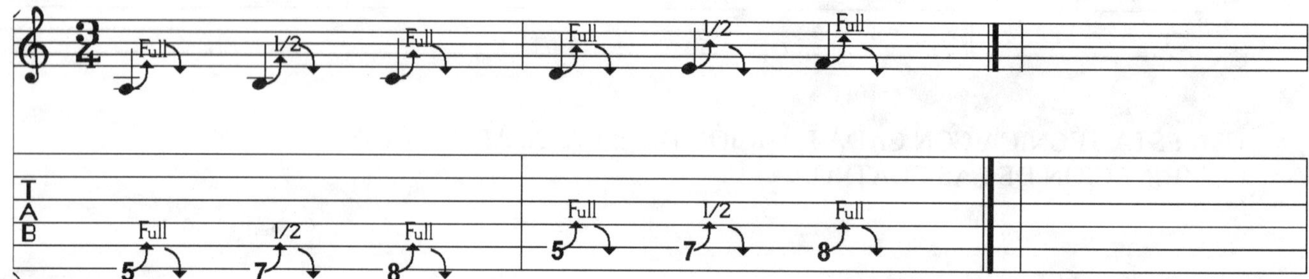

USA ESTA TÉCNICA CON CADA POSICIÓN DE ESCALA, APLICACIÓN, RITMO Y COMBINACIÓN DE LAS CUATRO.

2. **PRE-ESTIRAMIENTO**

Estira la nota antes de tocar la cuerda con la plumilla.

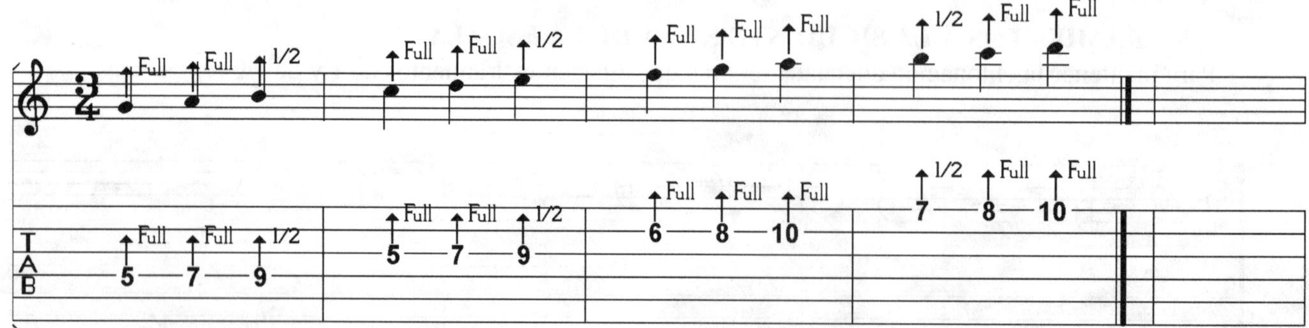

USA ESTA TÉCNICA CON CADA POSICIÓN DE ESCALA, APLICACIÓN, RITMO Y COMBINACIÓN DE LAS CUATRO.

3. **PRE-ESTIRA Y SUELTA**

Estira la nota, tócala con la plumilla, y ve soltando el estiramiento mientras la nota suena.

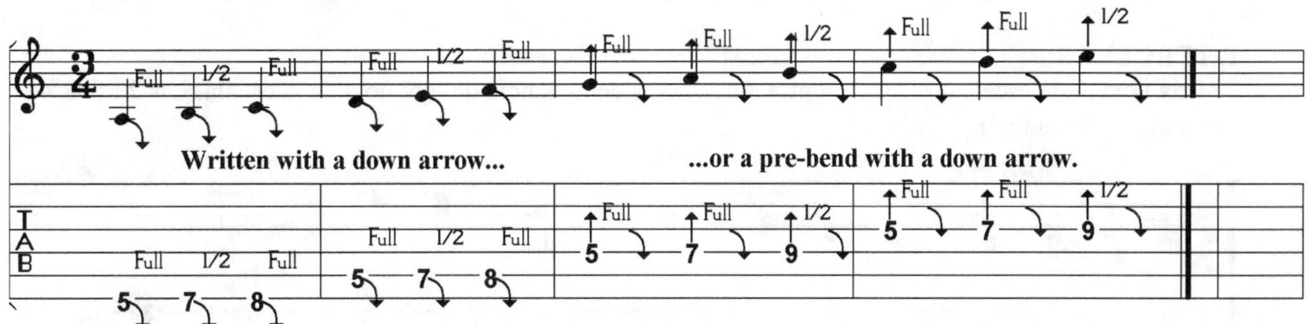

USA ESTA TÉCNICA CON CADA POSICIÓN DE ESCALA, APLICACIÓN, RITMO Y COMBINACIÓN DE LAS CUATRO.

4. **ESTIRAMIENTO FANTASMA** (PARA GUITARRA ELÉCTRICA)

Toca la nota con la plumilla y baja el volumen de la perilla hasta "cero". Incrementa el volumen mientras estiras la nota.

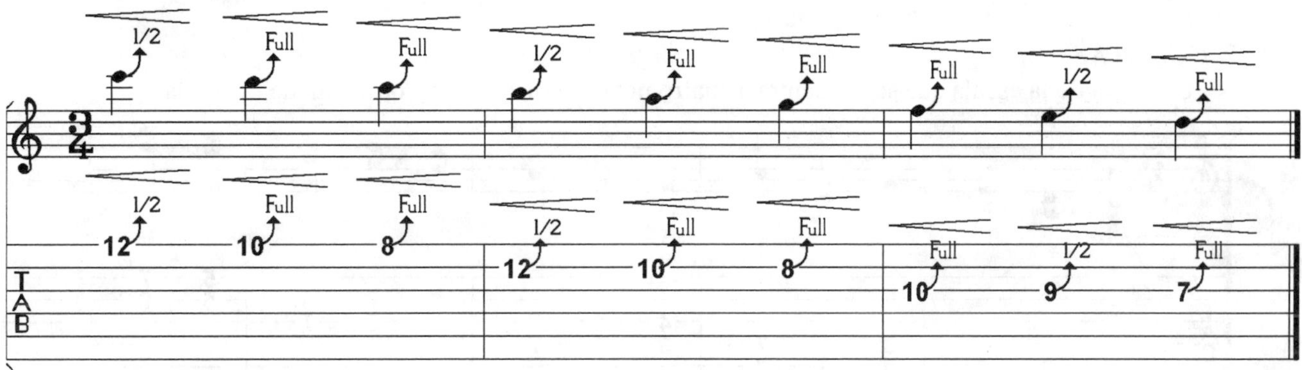

USA ESTA TÉCNICA CON CADA POSICIÓN DE ESCALA, APLICACIÓN, RITMO Y COMBINACIÓN DE LAS CUATRO.

5. **PRE-ESTIRAMIENTO FANTASMA Y LIBERACIÓN**

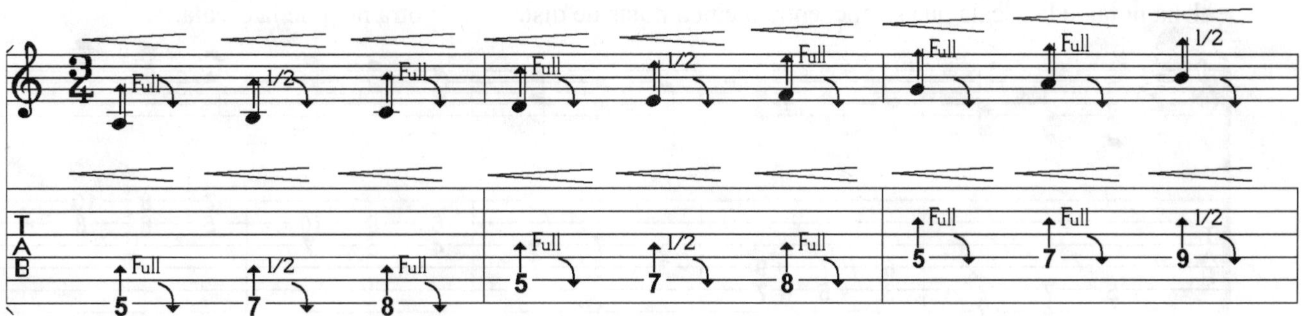

USA ESTA TÉCNICA CON CADA POSICIÓN DE ESCALA, APLICACIÓN, RITMO Y COMBINACIÓN DE LAS CUATRO.

CAPÍTULO 11
PATRONES DOBLES

1. **TERCERAS**

Una nota de la escala que se encuentra a tres notas de distancia de otra nota de la escala. Las 2 notas se tocan al mismo tiempo.

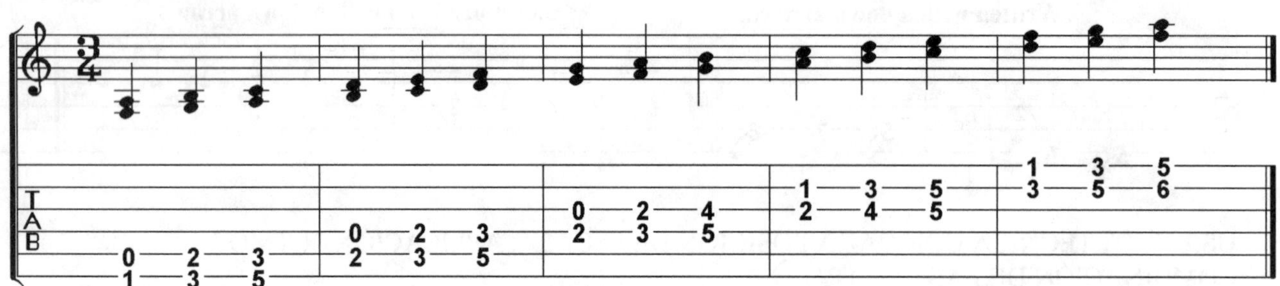

USA ESTA TÉCNICA CON CADA POSICIÓN DE ESCALA, APLICACIÓN, RITMO Y COMBINACIÓN DE LAS CUATRO.

2. **CUARTAS**

Una nota de la escala que se encuentra a cuatro notas de distancia de otra nota de la escala.

USA ESTA TÉCNICA CON CADA POSICIÓN DE ESCALA, APLICACIÓN, RITMO Y COMBINACIÓN DE LAS CUATRO.

3. **QUINTAS**

Una nota de la escala que se encuentra a cinco notas de distancia de otra nota de la escala.

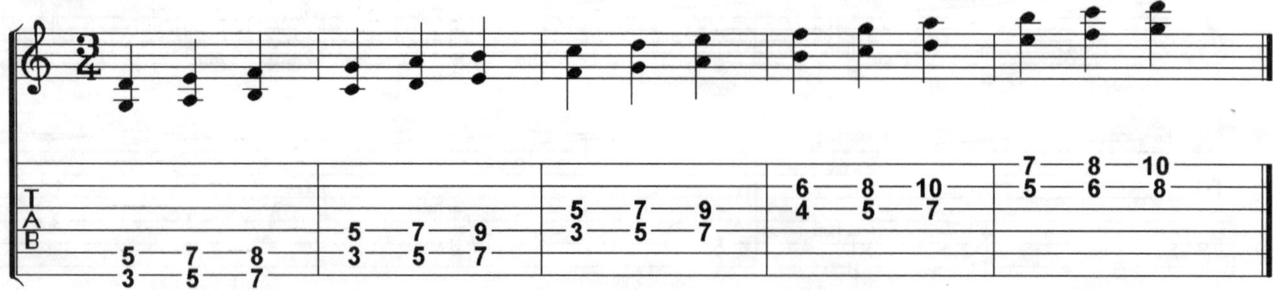

USA ESTA TÉCNICA CON CADA POSICIÓN DE ESCALA, APLICACIÓN, RITMO Y COMBINACIÓN DE LAS CUATRO.

4. **SEXTAS 1**

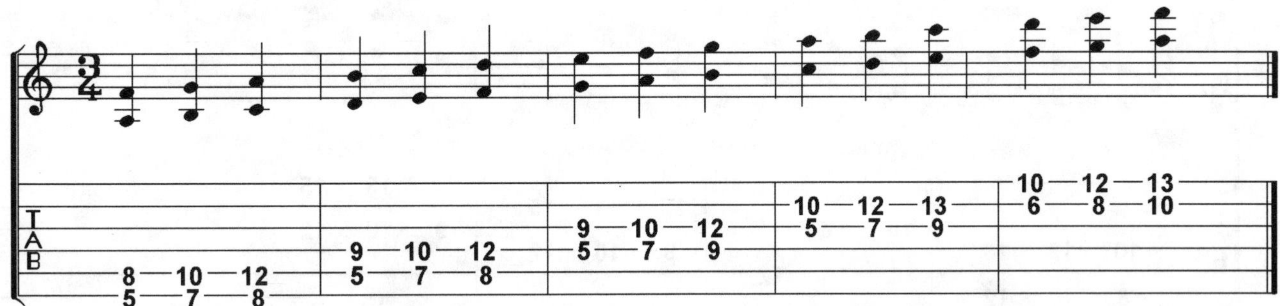

USA ESTA TÉCNICA CON CADA POSICIÓN DE ESCALA, APLICACIÓN, RITMO Y COMBINACIÓN DE LAS CUATRO.

5. **SEXTAS 2**

USA ESTA TÉCNICA CON CADA POSICIÓN DE ESCALA, APLICACIÓN, RITMO Y COMBINACIÓN DE LAS CUATRO.

6. **SÉPTIMAS**

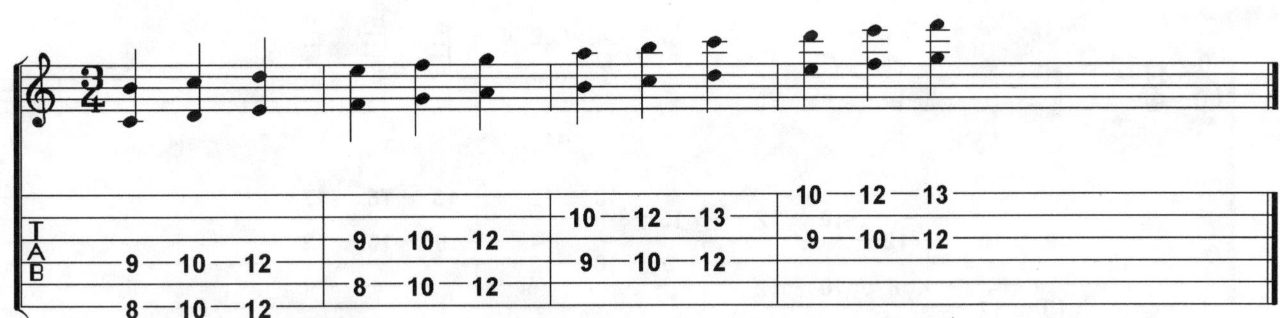

USA ESTA TÉCNICA CON CADA POSICIÓN DE ESCALA, APLICACIÓN, RITMO Y COMBINACIÓN DE LAS CUATRO.

7. **OCTAVAS 1**

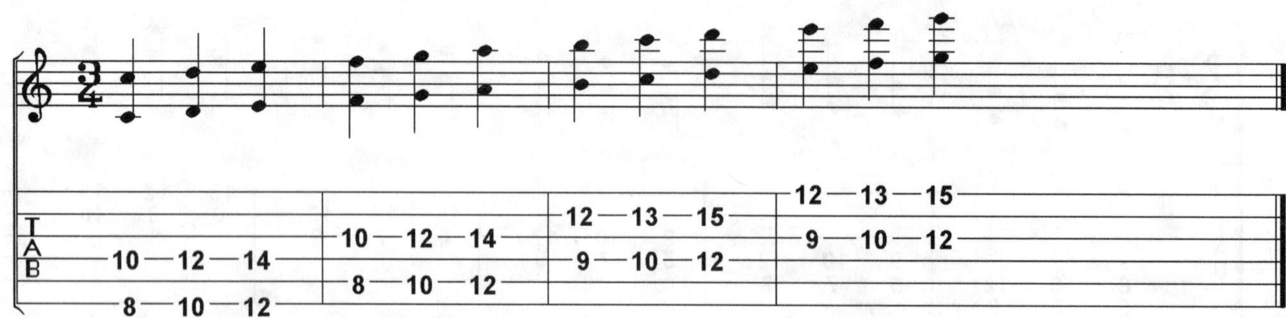

USA ESTA TÉCNICA CON CADA POSICIÓN DE ESCALA, APLICACIÓN, RITMO Y COMBINACIÓN DE LAS CUATRO.

8. **OCTAVAS 2**

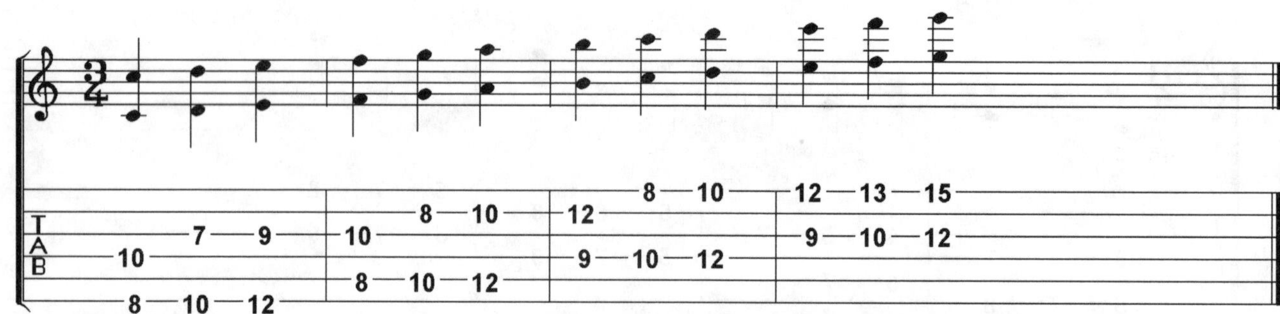

USA ESTA TÉCNICA CON CADA POSICIÓN DE ESCALA, APLICACIÓN, RITMO Y COMBINACIÓN DE LAS CUATRO.

9. **NOVENAS/SEGUNDAS**

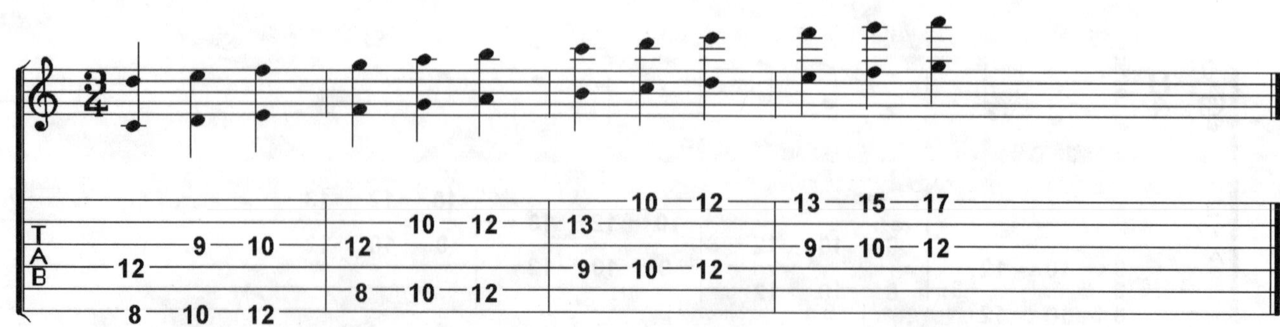

USA ESTA TÉCNICA CON CADA POSICIÓN DE ESCALA, APLICACIÓN, RITMO Y COMBINACIÓN DE LAS CUATRO.

CAPÍTULO 12
APLICACIONES AVANZADAS

1. PASO HACIA ABAJO EN INCREMENTOS DE III

Toca la 3ª nota de la escala, después la 2ª, 1ª; 4ª, 3ª, 2ª; 5ª, 4ª, 3ª; 6ª, 5ª, 4ª, etc.
Esta aplicación se escribe en métrica de 3/4.

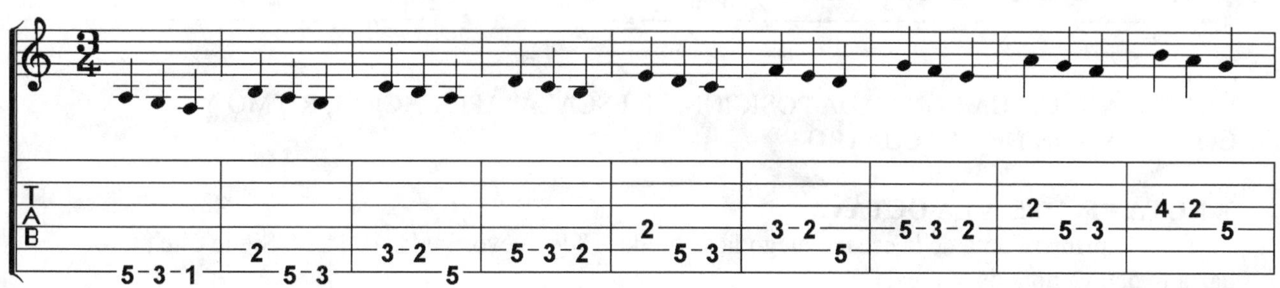

USA ESTA TÉCNICA CON CADA POSICIÓN DE ESCALA, APLICACIÓN, RITMO Y COMBINACIÓN DE LAS CUATRO.

2. PASO HACIA ARRIBA EN INCREMENTOS DE III

Lo opuesto al paso hacia abajo. 8ª nota de la escala, 9ª, 10ª; 7ª, 8ª, 9ª; 6ª, 7ª, 8ª, etc.
Métrica de 3/4.

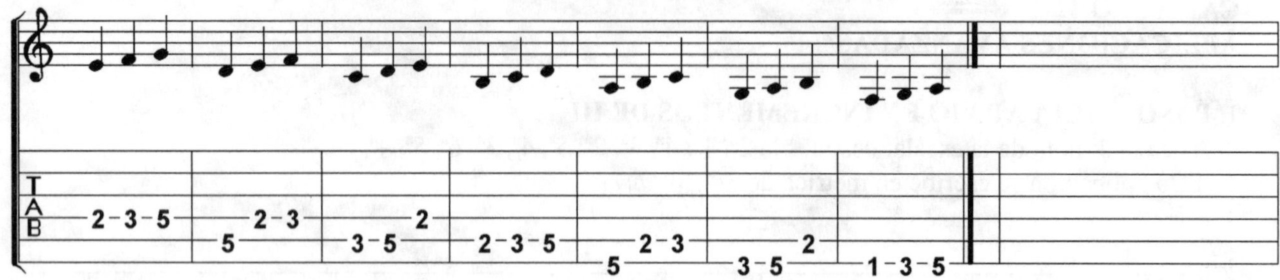

USA ESTA TÉCNICA CON CADA POSICIÓN DE ESCALA, APLICACIÓN, RITMO Y COMBINACIÓN DE LAS CUATRO.

3. **NOTA PIVOTE A LA OCTAVA**

Toca la primera nota de la escala, luego la segunda, 1ª de nuevo, 3ª, 1ª, 4ª, 1ª, 5ª. Sigue este patrón hasta la octava nota de la escala.

Esta aplicación está escrita en métrica de 4/4 usando notas de 16º y de 8º. La cuenta es 1-e-&-a-2-e-&-a-3-e-&-a-4-&/1-e-&-a-2-e-&-a-3-e-&-a-4-&.

USA ESTA TÉCNICA CON CADA POSICIÓN DE ESCALA, APLICACIÓN, RITMO Y COMBINACIÓN DE LAS CUATRO.

4. **SALTO DE DOS CUERDAS**

Tocando tres notas de la escala por cuerda, toca las notas de una escala en posición de 6ª cuerda, sáltate la 5ª cuerda, y luego toca las notas de la 4ª cuerda. Toca las notas de la 5ª cuerda, sáltate la 4ª cuerda, luego toca las notas de la 3ª cuerda, etc.

Esta aplicación se usa en métrica de 2/4 usando tresillos. La cuenta es 1-&-a-2-&-a/1-&-a-2-&-a.

USA ESTA TÉCNICA CON CADA POSICIÓN DE ESCALA, APLICACIÓN, RITMO Y COMBINACIÓN DE LAS CUATRO.

5. **SALTO DE DOS CUERDAS Y REGRESO** (4 notas)

Esta aplicación está escrita en métrica de 3/4 usando 16vos y 8vos. La cuenta es 1-e-&-a-2-e-&-a-3-&/1-e-&-a-2-e-&-a-3-&.

USA ESTA TÉCNICA CON CADA POSICIÓN DE ESCALA, APLICACIÓN, RITMO Y COMBINACIÓN DE LAS CUATRO.

6. **TRES CUERDAS - SALTO DE CUERDA**

Métrica de 3/4 usando tresillos. 1-&-a-2-&-a-3-&-a/1-&-a-2-&-a-3-&-a.

USA ESTA TÉCNICA CON CADA POSICIÓN DE ESCALA, APLICACIÓN, RITMO Y COMBINACIÓN DE LAS CUATRO.

7. **SALTO DE DOS CUERDAS EN INCREMENTOS DE III**

Aplicando incrementos de 3 al salto de cuerdas.

Métrica de 3/4 usando notas de cuarto. 1-2-3/1-2-3/1-2-3/1-2-3.

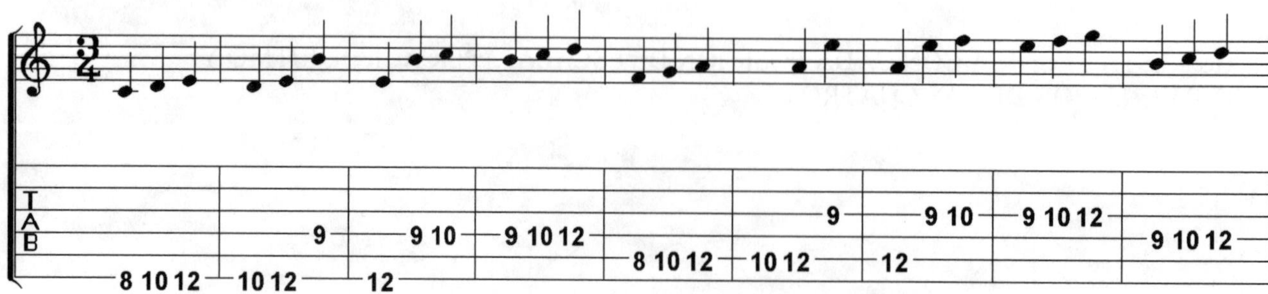

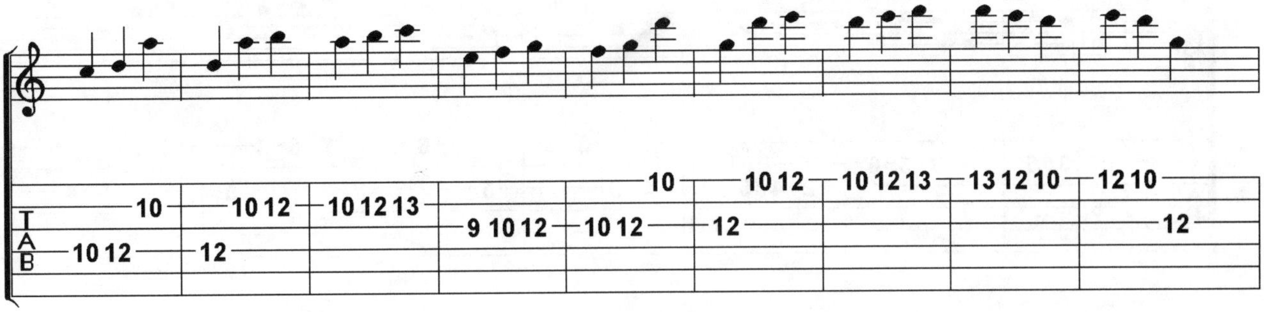

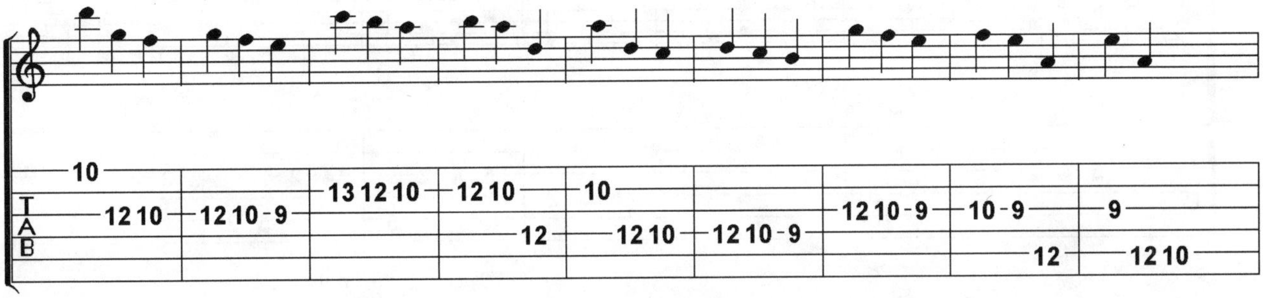

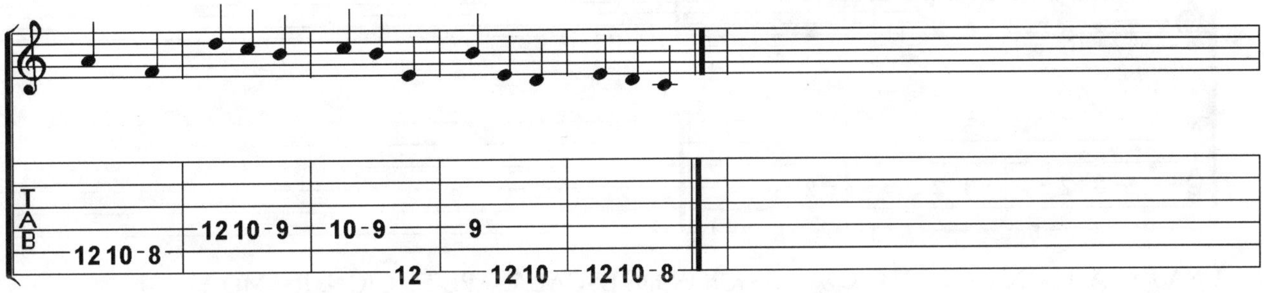

USA ESTA TÉCNICA CON CADA POSICIÓN DE ESCALA, APLICACIÓN, RITMO Y COMBINACIÓN DE LAS CUATRO.

8. **SALTO DE DOS CUERDAS EN INCREMENTOS DE IV**

Métrica de 4/4 usando notas de cuarto 1-2-3-4/1-2-3-4.

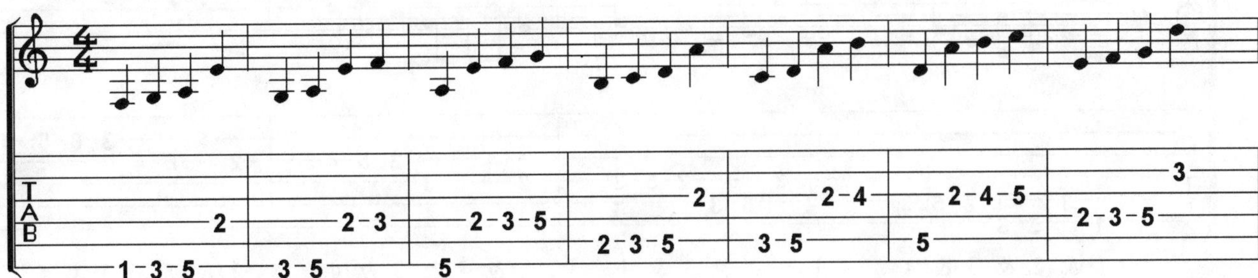

USA ESTA TÉCNICA CON CADA POSICIÓN DE ESCALA, APLICACIÓN, RITMO Y COMBINACIÓN DE LAS CUATRO.

PATRONES MANÍACOS

9. I-V-III-II-IV-VI-V

Comenzando con cualquier nota de la escala, cuenta esa nota como tu primera nota, luego toca la 5ª nota de la escala desde tu primera nota, toca la 3ª nota de la escala de tu primera nota, luego 2, 4, 6, y 5.

Las aplicaciones 9, 10, 11, & 12 usan métrica de 4/4 con 8os y cuartos. 1-&-2-&-3-&-4/1-&-2-&-3-&-4.

USA ESTA TÉCNICA CON CADA POSICIÓN DE ESCALA, APLICACIÓN, RITMO Y COMBINACIÓN DE LAS CUATRO.

10. **II-IV-VI-VIII-VII-V-IX**

USA ESTA TÉCNICA CON CADA POSICIÓN DE ESCALA, APLICACIÓN, RITMO Y COMBINACIÓN DE LAS CUATRO.

11. **I-VIII-III-II-VII-IX-VIII**

USA ESTA TÉCNICA CON CADA POSICIÓN DE ESCALA, APLICACIÓN, RITMO Y COMBINACIÓN DE LAS CUATRO.

12. **I-V-IX-VIII-VII-V-III**

USA ESTA TÉCNICA CON CADA POSICIÓN DE ESCALA, APLICACIÓN, RITMO Y COMBINACIÓN DE LAS CUATRO.

13. **SALTO DE DOS CUERDAS EN INCREMENTOS DE IV Y REGRESO** (1 nota)
Métrica de 4/4 usando notas de cuarto y de octavo 1-2-3-4-&/1-2-3-4-&.

USA ESTA TÉCNICA CON CADA POSICIÓN DE ESCALA, APLICACIÓN, RITMO Y COMBINACIÓN DE LAS CUATRO.

14. **SALTO DE DOS CUERDAS EN INCREMENTOS DE IV Y DE REGRESO** (1 nota) **EN PATRONES DE TRES, Y DE REGRESO** (3 notas)

Métrica de 4/4 usando tresillos y notas de 8º. Observa que el primer compás es distinto al segundo 1-&-a-2-&-3-&-a-4-&/1-&-2-&-3-&-4-&.

T
A
B
5-7-9-7-5 9-7 8
6 6-8-6 5-7-9 9-7-9
6-8 10-8-6 9-7 9
1 & 2 & 3 & 4 &
1 & a 2 & 3 & a 4 &
1 & 2 & 3 & 4 &

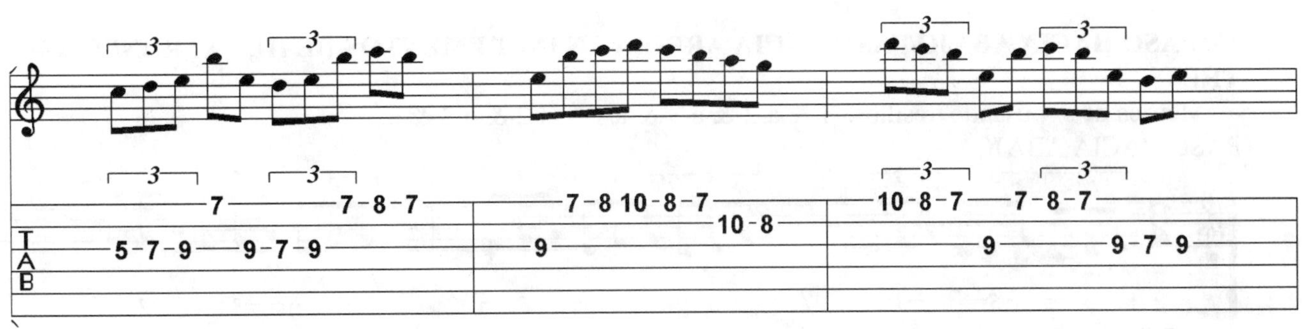
T
A
B
7 7-8-7 5-7-9 9-7-9
7-8 10-8-7 10-8 9
10-8-7 7-8-7 9 9-7-9
1 & a 2 & 3 & a 4 &
1 & 2 & 3 & 4 &
1 & a 2 & 3 & a 4 &

T
A
B
7 9-7-5-7-9 6-8
10-8-6 6-8-6 9 9-7-9
6 9-7-5-7-9 5-7
1 & 2 & 3 & 4 &
1 & a 2 & 3 & a 4 &
1 & 2 & 3 & 4 &

T
A
B
9-7-5 5-7-5 8 8-7-8
5 8-7-5-7-8 5-7
9-7-5 5-7-5 8 8-7-8
1 & a 2 & 3 & a 4 &
1 & 2 & 3 & 4 &
1 & a 2 & 3 & a 4 &

1 & 2 & 3 & 4 &

USA ESTA TÉCNICA CON CADA POSICIÓN DE ESCALA, APLICACIÓN, RITMO Y COMBINACIÓN DE LAS CUATRO.

15. PASO HACIA ABAJO/PASO HACIA ARRIBA EN INCREMENTOS DE III, PATRONES DE TRES

Métrica de 3/4 usando tresillos. 1-&-a-2-&-a-3-&-a/1-&-a-2-&-a-3-&-a.

PASO HACIA ABAJO

1 & a 2 & a 3 & a etc...

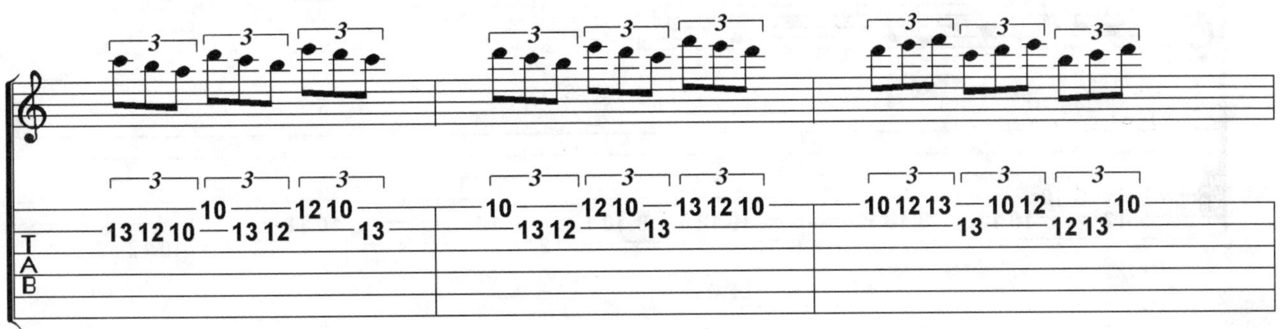

USA ESTA TÉCNICA CON CADA POSICIÓN DE ESCALA, APLICACIÓN, RITMO Y COMBINACIÓN DE LAS CUATRO.

16. INCREMENTOS DE III EN PATRONES DE CUATRO

Métrica de 4/4 usando tresillos. 1-&-a-2-&-a-3-&-a-4-&-a/1-&-a-2-&-a-3-&-a-4-&-a.

USA ESTA TÉCNICA CON CADA POSICIÓN DE ESCALA, APLICACIÓN, RITMO Y COMBINACIÓN DE LAS CUATRO.

17. INCREMENTOS DE IV EN PATRONES DE TRES

Métrica de 3/4 usando 16avos. 1-e-&-a-2-e-&-a-3-e-&-a/1-e-&-a-2-e-&-a-3-e-&-a.

1 e & a 2 e & a 3 e & a etc...

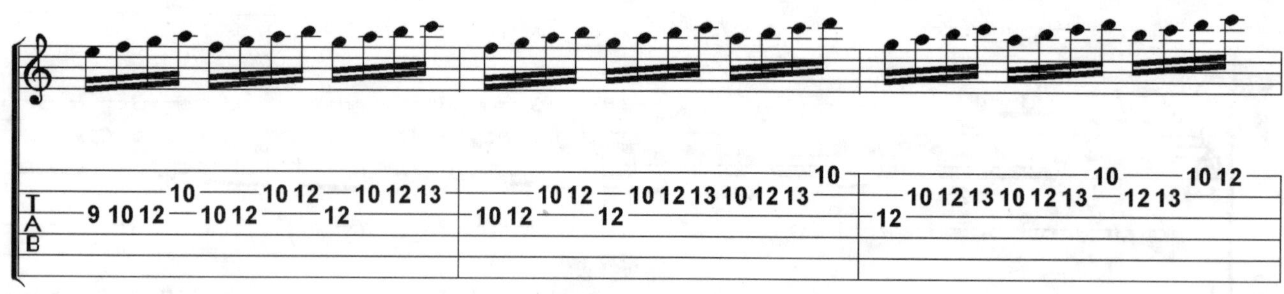

USA ESTA TÉCNICA CON CADA POSICIÓN DE ESCALA, APLICACIÓN, RITMO Y COMBINACIÓN DE LAS CUATRO.

18. **PASO HACIA ABAJO, PASO HACIA ARRIBA, EN PATRONES DE CUATRO**

Métrica de 4/4 usando notas de octavo. 1-&-2-&-3-&-4-&/1-&-2-&-3-&-4-&.

PASO HACIA ABAJO

1 & 2 & 3 & 4 & etc...

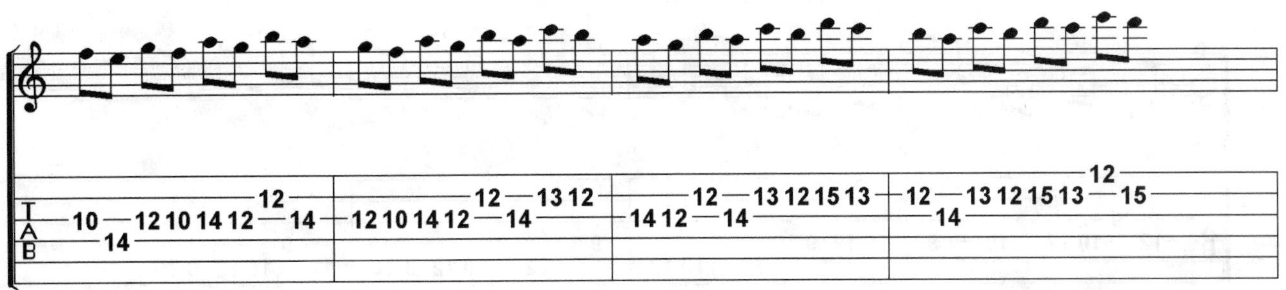

USA ESTA TÉCNICA CON CADA POSICIÓN DE ESCALA, APLICACIÓN, RITMO Y COMBINACIÓN DE LAS CUATRO.

PASO HACIA ARRIBA

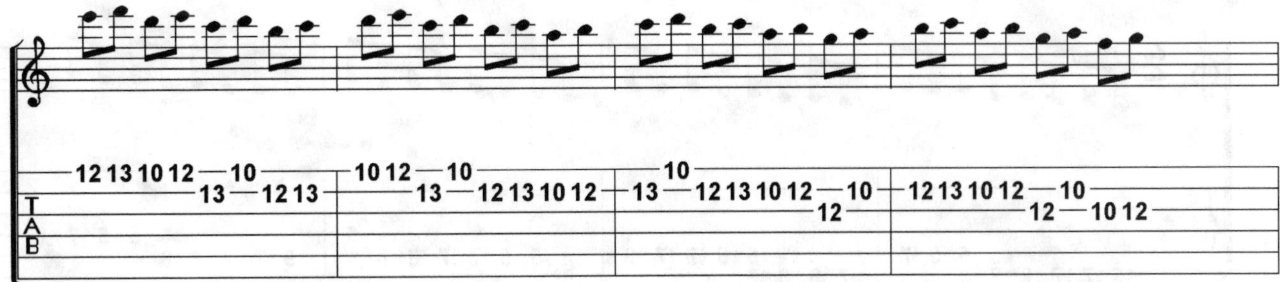

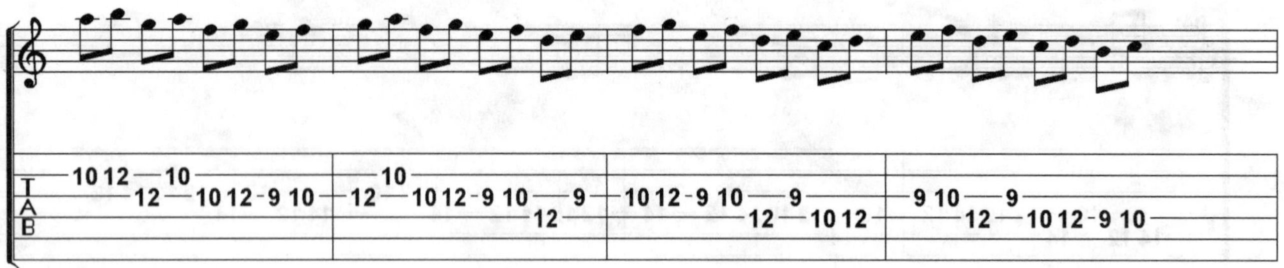

USA ESTA TÉCNICA CON CADA POSICIÓN DE ESCALA, APLICACIÓN, RITMO Y COMBINACIÓN DE LAS CUATRO.

19. **INCREMENTOS DE II EN PATRONES DE CUATRO**

Métrica de 4/4 usando notas de octavo. 1-&-2-&-3-&-4-&/1-&-2-&-3-&-4-&.

1 & 2 & 3 & 4 & etc...

USA ESTA TÉCNICA CON CADA POSICIÓN DE ESCALA, APLICACIÓN, RITMO Y COMBINACIÓN DE LAS CUATRO.

20. INCREMENTOS DE II EN PATRONES DE TRES

Métrica de 3/4 usando notas de octavo. 1-&-2-&-3-&/1-&-2-&-3-&.

1 & 2 & 3 & etc...

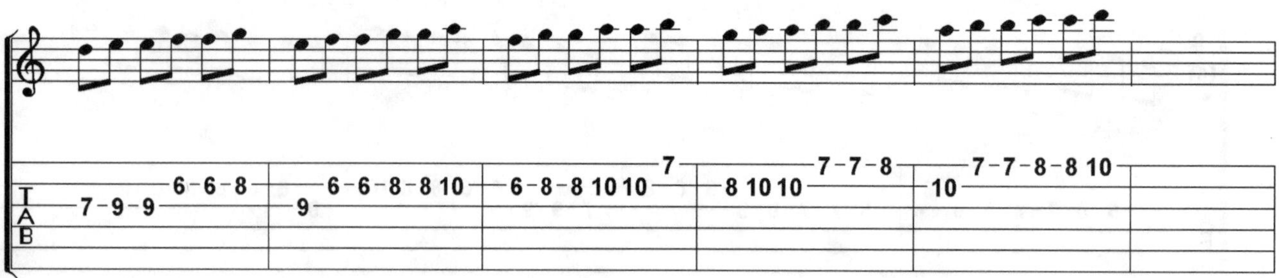

USA ESTA TÉCNICA CON CADA POSICIÓN DE ESCALA, APLICACIÓN, RITMO Y COMBINACIÓN DE LAS CUATRO.

¡Felicitaciones! Si has seguido este curso desde la primera página, has desarrollado una gran habilidad de interpretación, así como un alto nivel de conocimiento sobre tu guitarra. Si no estás exhausto después de probar todas las técnicas y aplicaciones, en todas las posiciones de escala, te sugiero que lo hagas. A través del libro he escrito recordatorios después de cada pieza: USA ESTA TÉCNICA CON CADA POSICIÓN DE ESCALA, APLICACIÓN, RITMO Y COMBINACIÓN DE LAS CUATRO.

A algunas personas esto les parecerá redundante, pero he incluido este recordatorio por una importante razón. Todas y cada una de las nuevas técnicas o aplicaciones que aprendas pueden ser exploradas a lo largo de tu vida. No hay límites. Cuando te exiges a ti mismo y empujas tus límites, ampliarás tus horizontes. Así es como han sido creados nuevos estilos musicales. Eso es lo que hace extraordinario a un músico. Si te dedicas a la música, y específicamente a la guitarra, te verás beneficiado al tocar estas piezas, no sólo en las posiciones originales que he escrito, sino que también en las posiciones de escala que hayas aprendido por tu lado, y más adelante al usar las otras tonalidades y escalas presentadas en el resto de este libro. También te recomiendo usar tu creatividad para inventar tus propias combinaciones de notas, técnicas, aplicaciones y ritmos. Una vez más, empujar tus límites ampliará tu habilidad y te convertirá en un mejor guitarrista. Esto se aplica a cualquier actividad en la vida.

CAPÍTULO 13
MODOS Y OTRAS VARIACIONES DE LA ESCALA NATURAL

La escala natural, como ya sabemos, consiste de las tonalidades mayor y menor. También consiste de otras 5. Así como hay 7 notas en la escala natural, hay 7 modos también. Éstos son Eolio, Locrio, Jónico, Dórico, Frigio, Lidio, y Mixolidio. "Modo" es otra manera de decir "escala". Sabemos que, al tocar la escala natural, si nos enfocamos en la nota A (es decir, la hacemos nuestra tónica), estamos tocando la escala menor. Técnicamente esta escala natural de A a A se llama el modo Eolio. He aquí una lista de cada modo en la escala natural:

La escala natural de A a A se llama modo Eolio. A-B-C-D-E-F-G-A-ETC...
La escala natural de B a B llama modo Locrio. B-C-D-E-F-G-A-B-ETC...
La escala natural de C a C llama modo Jónico. C-D-E-F-G-A-B-C-ETC...
La escala natural de D a D llama modo Dórico. D-E-F-G-A-B-C-D-ETC...
La escala natural de E a E llama modo Frigio. E-F-G-A-B-C-D-E-ETC...
La escala natural de F a F llama modo Lidio. F-G-A-B-C-D-E-F-ETC...
La escala natural de G a G llama modo Mixolidio. G-A-B-C-D-E-F-G-ETC...

Éstas son definiciones técnicas. Por eso las he incluido en esta parte del libro. En una oración se puede resumir así: Los siete modos equivalen a una sola escala natural. Entonces, has estado tocando los siete modos desde el principio de este libro.

CAPÍTULO 14
CAMBIOS DE TONALIDAD Y PATRONES DE ESCALA

Cuando alguien habla de la escala de C, se refieren a la escala natural de C mayor/ Jónico. Al hablar de la tonalidad de A, se está refiriendo a la tonalidad de A mayor/Jónico. A mayor es la aplicación del patrón de C a C (escala natural) (grados de la escala), con la nota A como tónica.

La distancia entre las notas (intervalos) puede medirse en tonos y semitonos. Un tono es equivalente a dos trastes en la guitarra. Un semitono es equivalente a un traste.
Cuando quieras cambiar la tonalidad de una escala o canción sólo aplica el mismo patrón de tonos enteros y semitonos a la tonalidad en la que quieras tocar.

EJEMPLO: La escala natural de C mayor natural de tónica a tónica se compone de tono, tono, semitono, tono, tono, tono, semitono. La sexta nota de cada escala mayor es la tónica menor.

	T	**T**	**S**	**T**	**T**	**T**	**S**
Tonalidad de C	**C**	**D**	**E**	**F**	**G**	**A**	**B**	**C**

Entonces, a cualquier escala mayor, sin importar su tonalidad (A, B, C, D, etc.), se le puede aplicar esta fórmula de tono, tono, semitono, tono, tono, tono, semitono.

Los ejemplos que siguen muestran cada tonalidad del alfabeto musical. Date cuenta que a todos se les ha aplicado la misma fórmula.

T T S T T T S

Tonalidad de C C D E F G A B C

T T S T T T S

Tonalidad de Db Db Eb F Gb Ab Bb C Db Db es la misma nota que C#

T T S T T T S

Tonalidad de D D E F# G A B C# D

T T S T T T S

Tonalidad de Eb Eb F G Ab Bb C D Eb Eb es la misma nota que D#

T T S T T T S

Tonalidad de E E F# G# A B C# D# E

T T S T T T S

Tonalidad de F F G A Bb C D E F

T T S T T T S

Tonalidad de F# F# G# A# B C# D# E# F# F# es la misma nota que Gb

T T S T T T S

Tonalidad de G G A B C D E F# G

T T S T T T S

Tonalidad de Ab Ab Bb C Db Eb F G A Ab es la misma nota que G#

T T S T T T S

Tonalidad de A A B C# D E F# G# A

T T S T T T S

Tonalidad de Bb Bb C D Eb F G A Bb Bb es la misma nota que A#

T T S T T T S

Tonalidad de B B C# D# E F# G# A# B

CAPÍTULO 15
LA TONALIDAD DE A MAYOR, F# MENOR

Este capítulo presentará una explicación en tablatura de cada posición de la escala de A mayor, F# menor. Para lograr un dominio total de la guitarra, usa cada técnica, aplicación y ritmo que has aprendido en este libro con esta escala.

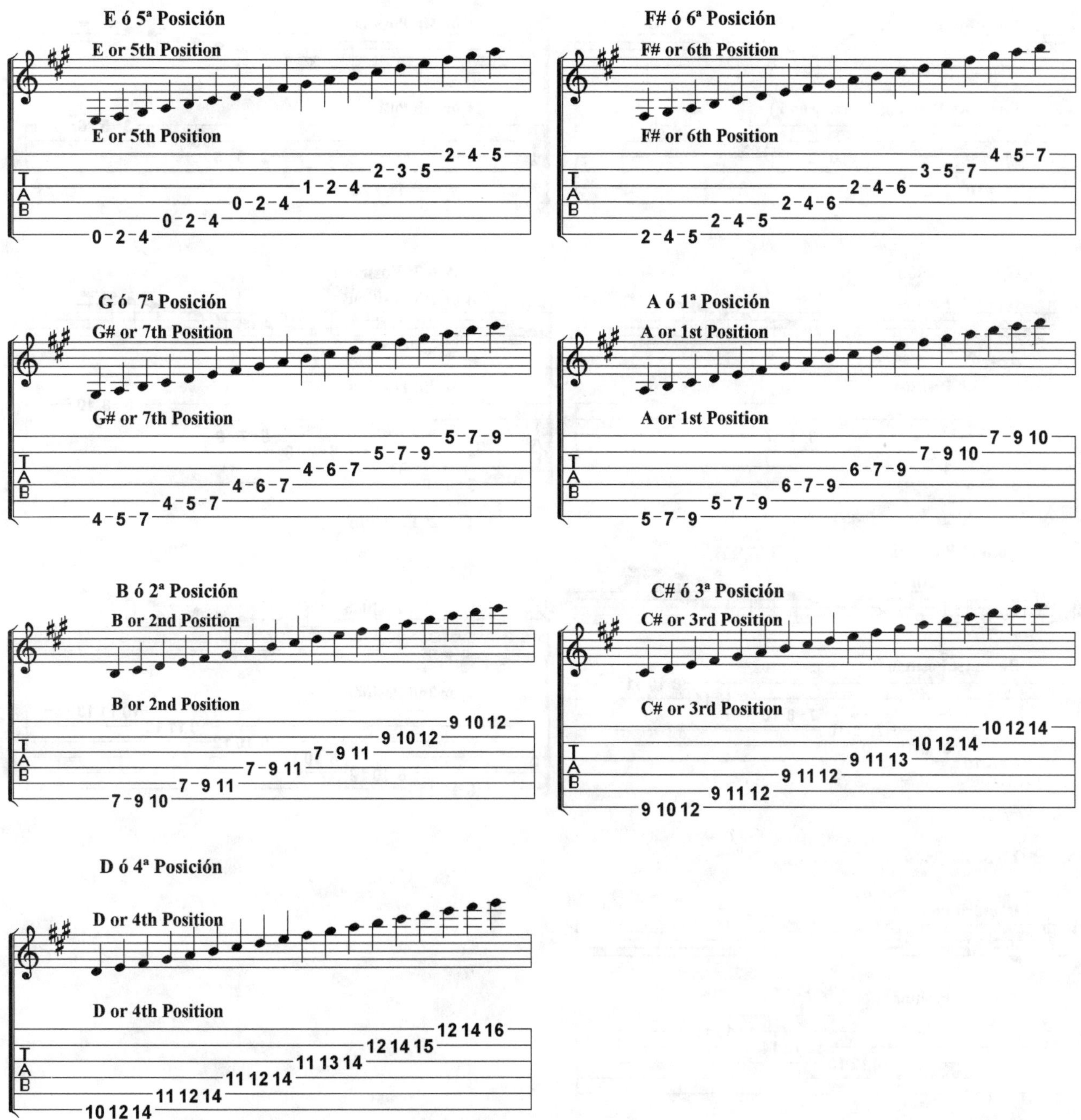

USA CADA TÉCNICA, RITMO, APLICACIÓN Y COMBINACIÓN DE LAS TRES CON ESTA ESCALA.

CAPÍTULO 16
LA TONALIDAD DE Bb MAYOR, G MENOR

Este capítulo presentará una explicación en tablatura de cada posición de la escala de Bb mayor, G menor. Para lograr un dominio total de la guitarra, usa cada técnica, aplicación y ritmo que has aprendido en este libro con esta escala.

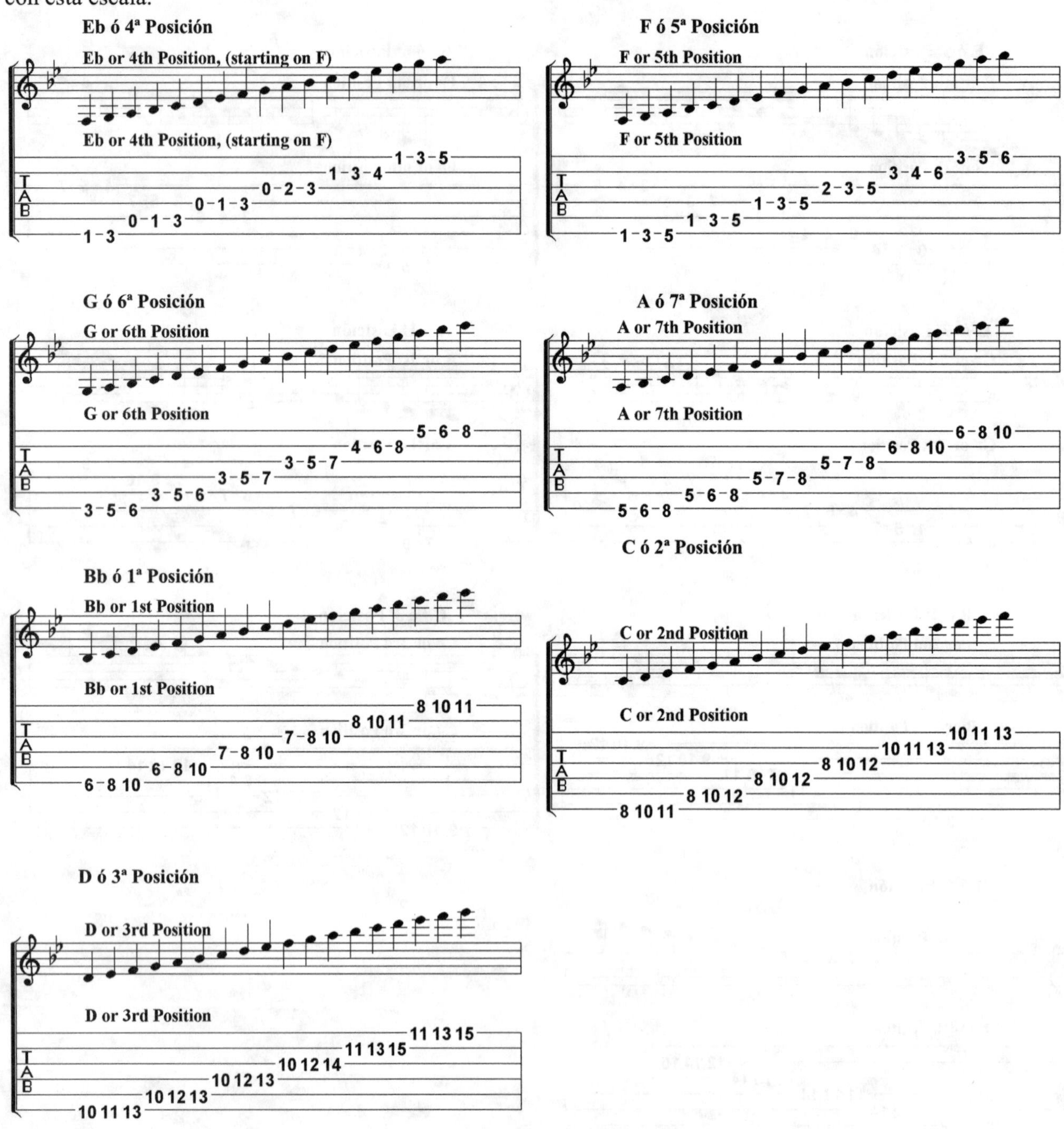

USA CADA TÉCNICA, RITMO, APLICACIÓN Y COMBINACIÓN DE LAS TRES CON ESTA ESCALA.

CAPÍTULO 17
TONALIDAD OF B MAYOR, G# MENOR

Este capítulo presentará una explicación en tablatura de cada posición de la escala de B mayor, G# menor. Para lograr un dominio total de la guitarra, usa cada técnica, aplicación y ritmo que has aprendido en este libro con esta escala.

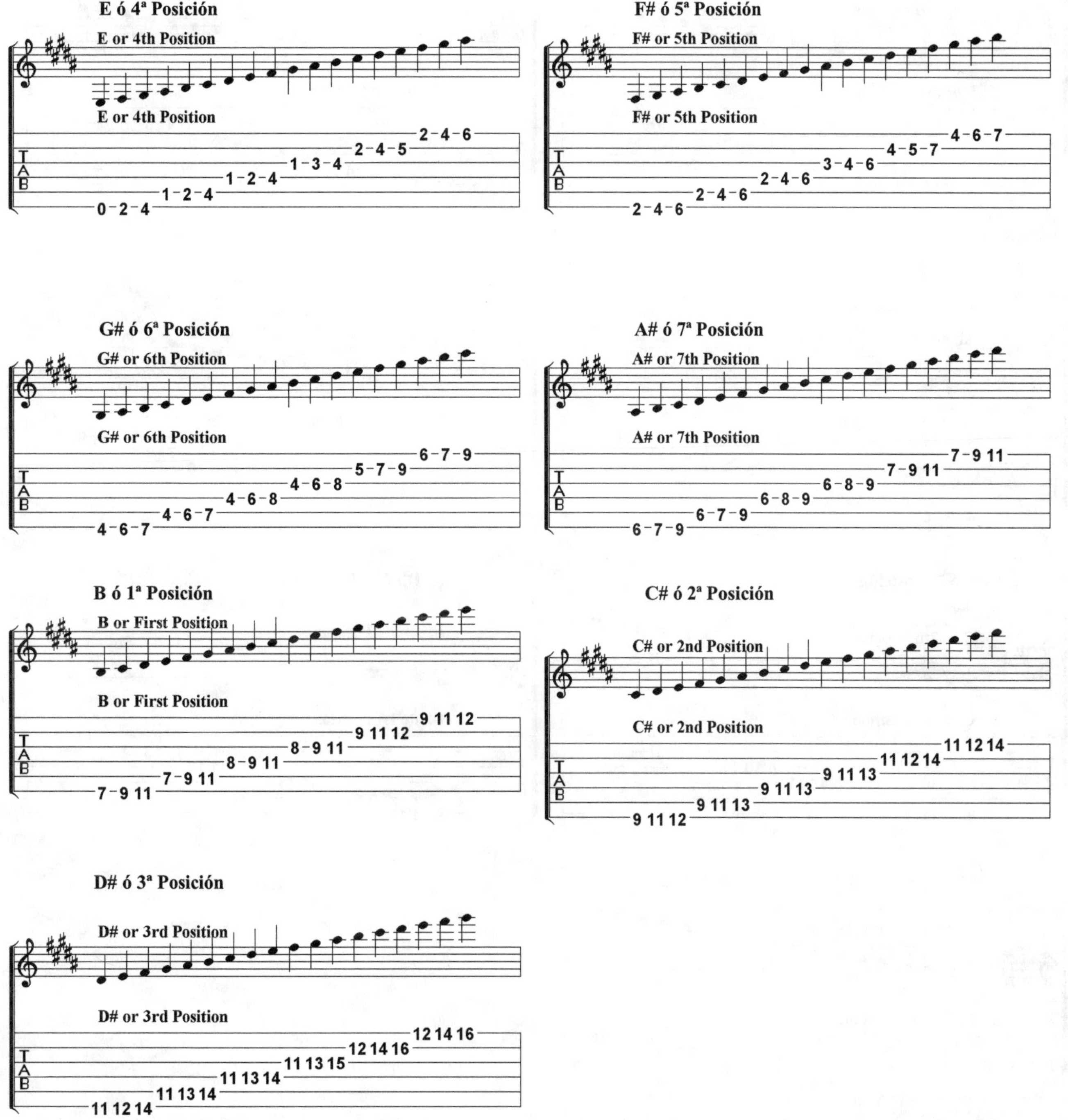

USA CADA TÉCNICA, RITMO, APLICACIÓN Y COMBINACIÓN DE LAS TRES CON ESTA ESCALA.

CAPÍTULO 18
LA TONALIDAD DE Db MAYOR, Bb MENOR

Este capítulo presentará una explicación en tablatura de cada posición de la escala de Db mayor, Bb menor. Para lograr un dominio total de la guitarra, usa cada técnica, aplicación y ritmo que has aprendido en este libro con esta escala.

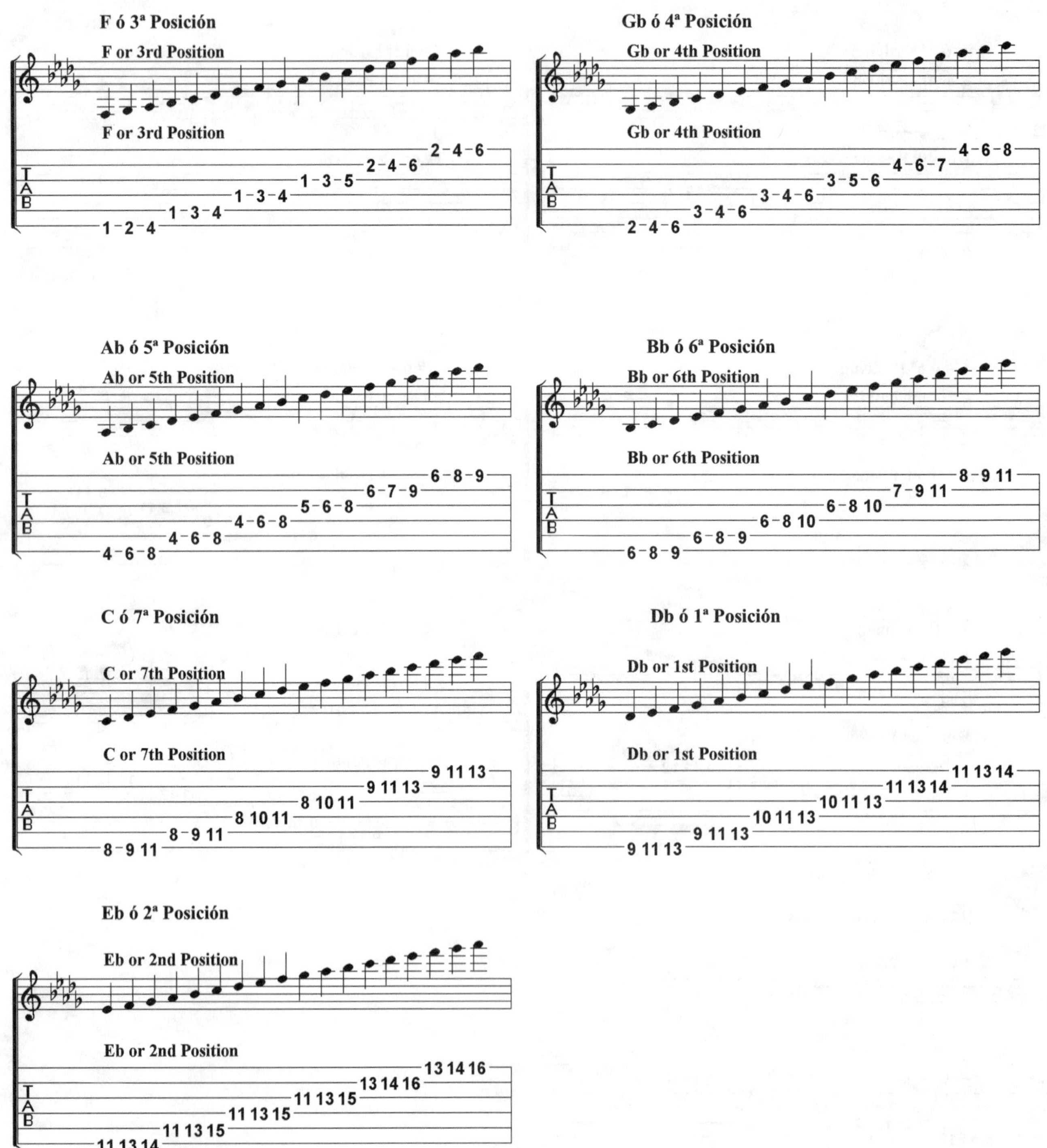

USA CADA TÉCNICA, RITMO, APLICACIÓN Y COMBINACIÓN DE LAS TRES CON ESTA ESCALA.

CAPÍTULO 19
LA TONALIDAD DE D MAYOR, B MENOR

Este capítulo presentará una explicación en tablatura de cada posición de la escala de D mayor, B menor. Para lograr un dominio total de la guitarra, usa cada técnica, aplicación y ritmo que has aprendido en este libro con esta escala.

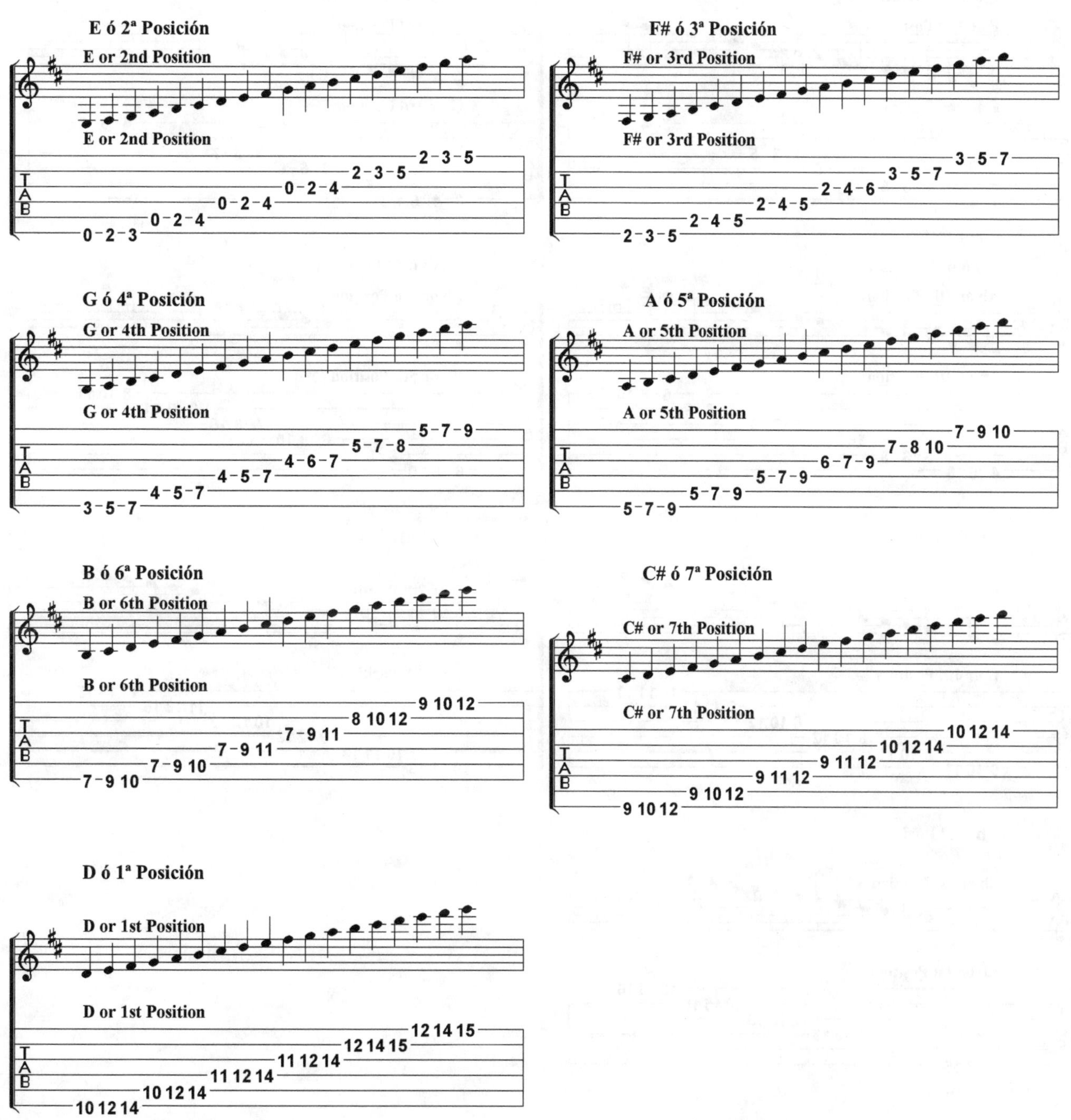

USA CADA TÉCNICA, RITMO, APLICACIÓN Y COMBINACIÓN DE LAS TRES CON ESTA ESCALA.

CAPÍTULO 20
LA TONALIDAD DE Eb MAYOR, C MENOR

Este capítulo presentará una explicación en tablatura de cada posición de la escala de Eb mayor, C menor. Para lograr un dominio total de la guitarra, usa cada técnica, aplicación y ritmo que has aprendido en este libro con esta escala.

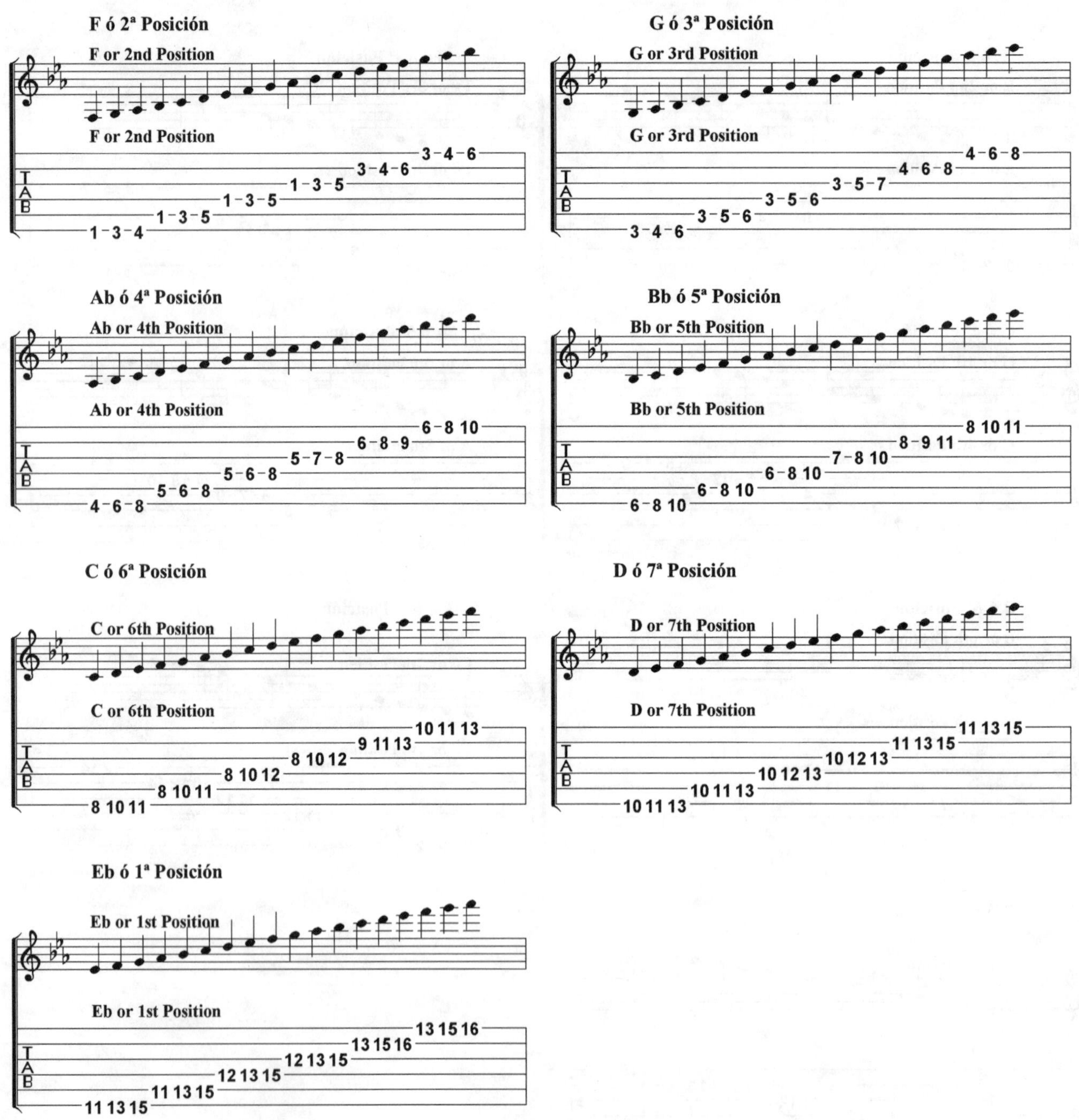

USA CADA TÉCNICA, RITMO, APLICACIÓN Y COMBINACIÓN DE LAS TRES CON ESTA ESCALA.

CAPÍTULO 21
LA TONALIDAD DE E MAJOR, C# MENOR

Este capítulo presentará una explicación en tablatura de cada posición de la escala de E mayor, C# menor. Para lograr un dominio total de la guitarra, usa cada técnica, aplicación y ritmo que has aprendido en este libro con esta escala.

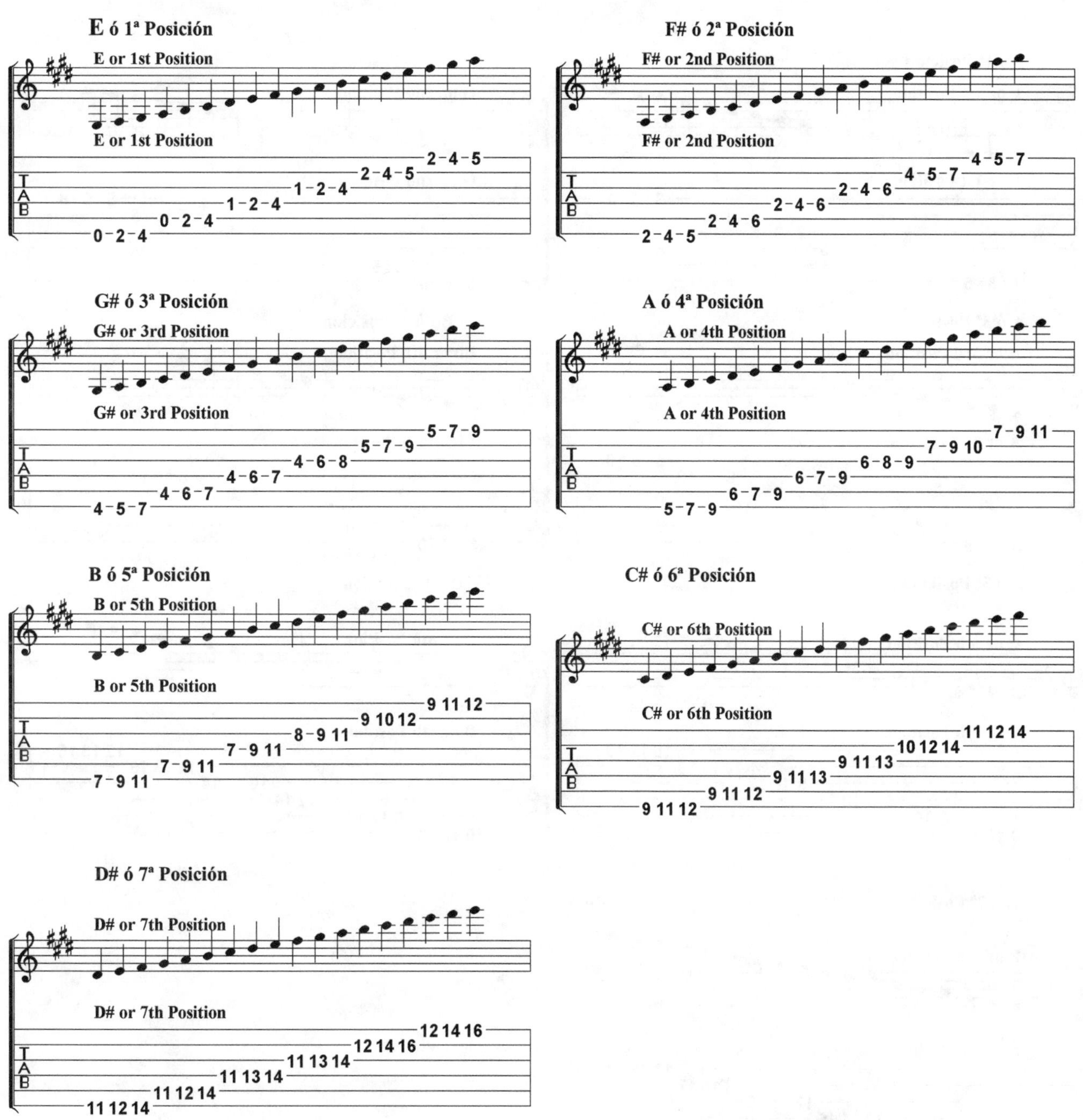

USA CADA TÉCNICA, RITMO, APLICACIÓN Y COMBINACIÓN DE LAS TRES CON ESTA ESCALA.

CAPÍTULO 22
LA TONALIDAD DE F MAYOR, D MENOR

Este capítulo presentará una explicación en tablatura de cada posición de la escala de F mayor, D menor. Para lograr un dominio total de la guitarra, usa cada técnica, aplicación y ritmo que has aprendido en este libro con esta escala.

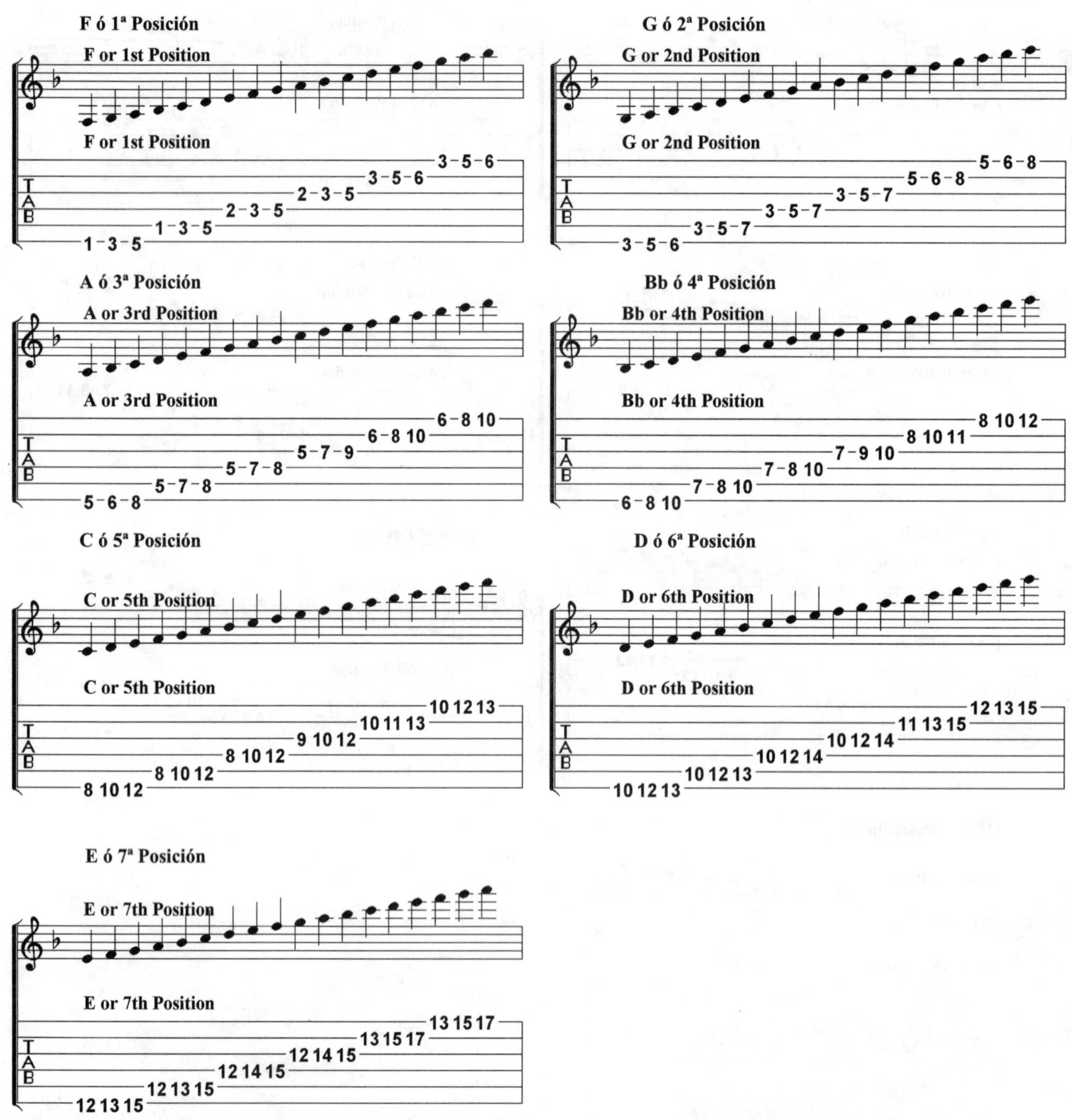

USA CADA TÉCNICA, RITMO, APLICACIÓN Y COMBINACIÓN DE LAS TRES CON ESTA ESCALA.

CAPÍTULO 23
LA TONALIDAD DE F# MAYOR, D# MENOR

Este capítulo presentará una explicación en tablatura de cada posición de la escala de F# mayor, D# menor. Para lograr un dominio total de la guitarra, usa cada técnica, aplicación y ritmo que has aprendido en este libro con esta escala.

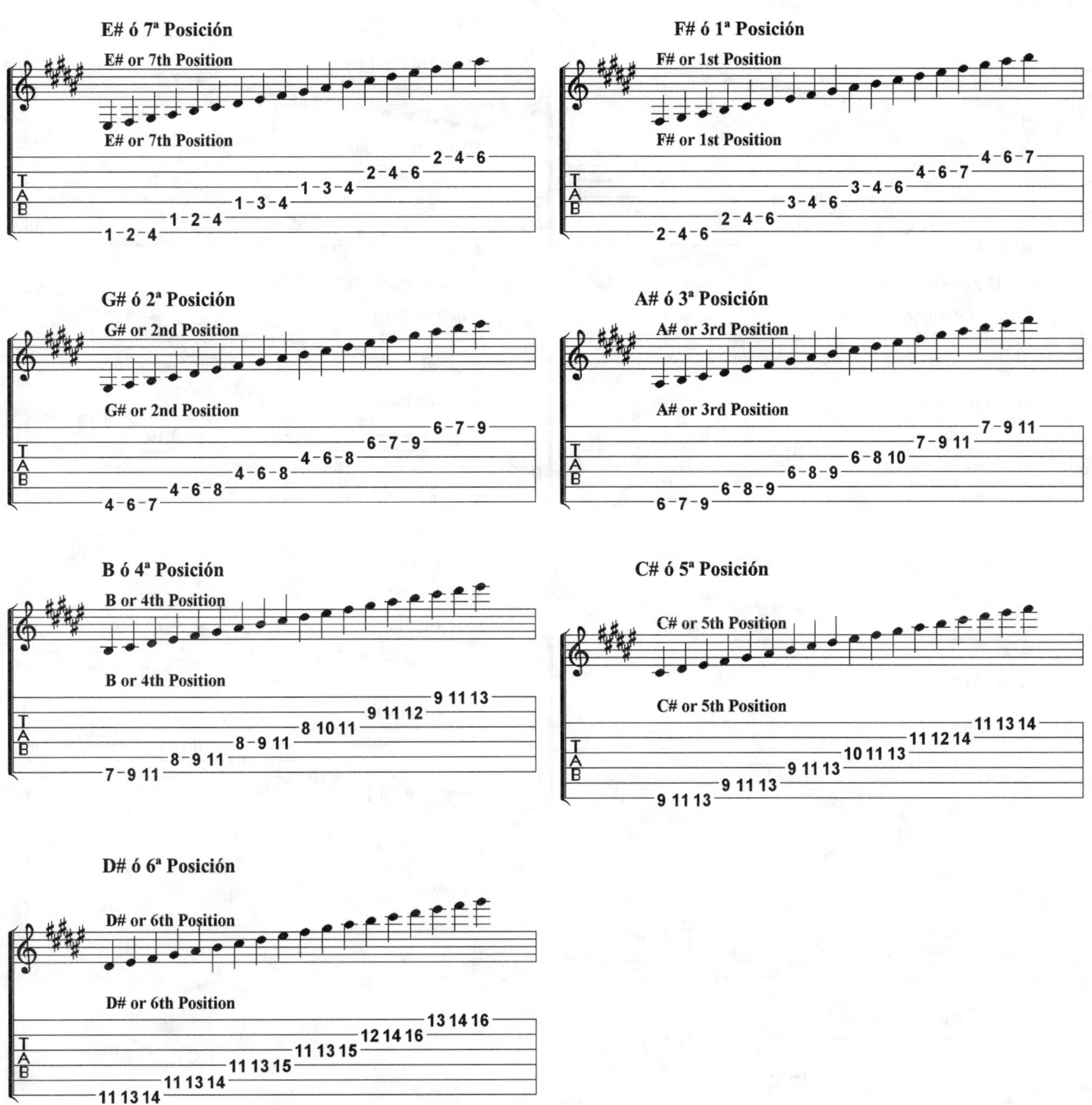

USA CADA TÉCNICA, RITMO, APLICACIÓN Y COMBINACIÓN DE LAS TRES CON ESTA ESCALA.

CAPÍTULO 24
LA TONALIDAD DE G MAYOR, E MENOR

Este capítulo presentará una explicación en tablatura de cada posición de la escala de G mayor, E menor. Para lograr un dominio total de la guitarra, usa cada técnica, aplicación y ritmo que has aprendido en este libro con esta escala.

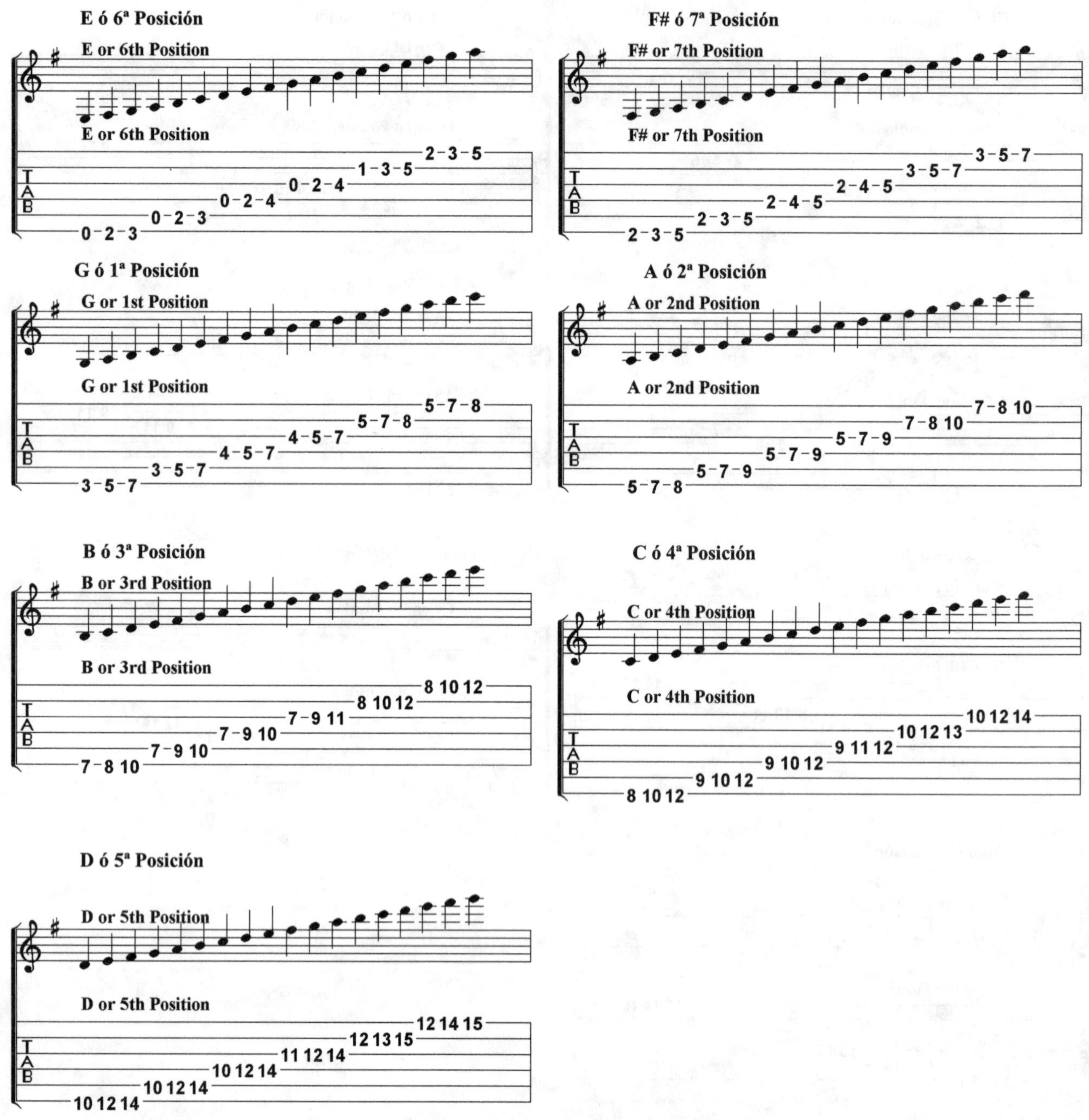

USA CADA TÉCNICA, RITMO, APLICACIÓN Y COMBINACIÓN DE LAS TRES CON ESTA ESCALA.

CAPÍTULO 25
LA TONALIDAD DE Ab MAYOR, F MENOR

Este capítulo presentará una explicación en tablatura de cada posición de la escala de Ab mayor, F menor. Para lograr un dominio total de la guitarra, usa cada técnica, aplicación y ritmo que has aprendido en este libro con esta escala.

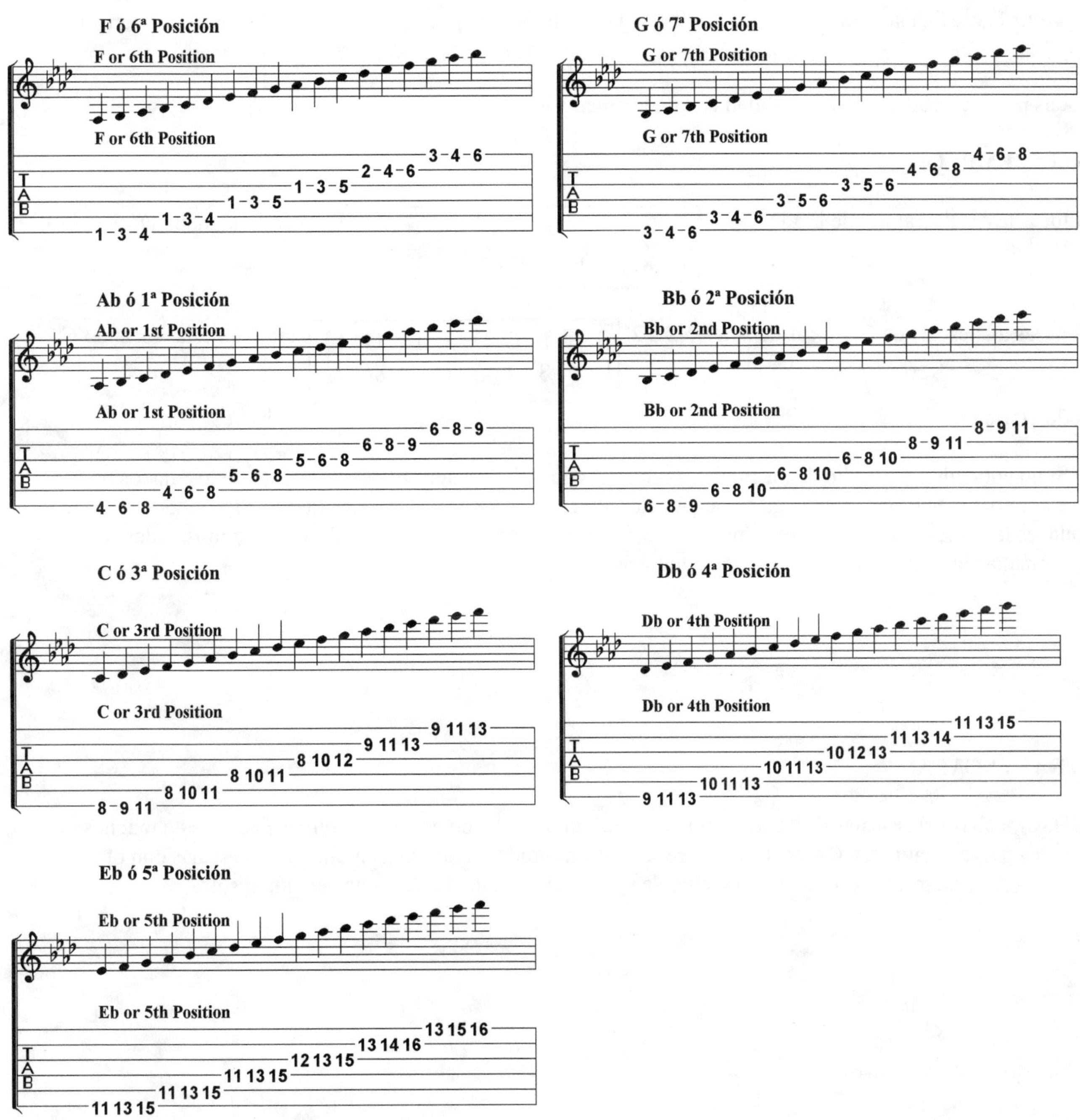

USA CADA TÉCNICA, RITMO, APLICACIÓN Y COMBINACIÓN DE LAS TRES CON ESTA ESCALA.

CAPÍTULO 26

ESCALAS COMO MODOS EN DIFERENTES TONALIDADES

Ahora ya conoces los modos/escalas Jónica (mayor), Dórica, Frigia, Lidia, Mixolidia, Eólica (menores), y Locria, en todas las tonalidades y todas las posiciones de la guitarra. Recuerda que el diapasón se repite después de 12º traste. Recuerda también que estos modos se derivan de patrones de la escala natural. Entonces, al convertir la escala natural a números o grados de la escala,

C	D	E	F	G	A	B	C
1	2	3	4	5	6	7	8/1

, puedes convertir los modos para acomodarlos a la tonalidad en la que quieras tocar.

POR EJEMPLO:

Al tocar la escala natural de D a D, 2 a 2,

C	**D**	E	F	G	A	B	C	**D**
1	**2**	3	4	5	6	7	8/1	**2**

, estás tocando el modo Dórico.

Si pasas a la escala de G y tocas de A a A, 2 a 2,

G	**A**	B	C	D	E	F#	G	**A**
1	**2**	3	4	5	6	7	8/1	**2**

, también estás tocando el modo Dórico.

Si no entiendes el estudio de los modos, no te preocupes demasiado. El conocimiento de los modos no es necesario para tocar muy bien la guitarra. ¡A estas alturas ya conoces las escalas que incluyen todos los modos! Conoces las notas tónicas mayores y menores, así como muchas técnicas, aplicaciones y ritmos. Éstas son las herramientas importantes para ser un gran guitarrista.

OTRAS ESCALAS

Hay muchas más escalas de las que hemos aprendido. El resto de este libro contiene escalas de muchos distintos países y culturas. Observa sus diferencias y similitudes. Trata de combinar estas escalas con otras. Seguramente te agradará escuchar un cambio de tonalidad o escala durante una canción o solo.

CAPÍTULO 27
LA ESCALA PENTATÓNICA

Conocida como la escala de Blues o de Rock, la escala Pentatónica consiste de las mismas notas de la escala natural, sin los grados 4° y 7°,

C	D	E	F	G	A	B	C
1	2	3	4	5	6	7	8/1

.

El patrón de la escala pentatónica es TONO, TONO, TONO Y MEDIO, TONO, TONO Y MEDIO, ó T, T, T/S, T, T/S. Aplicada a la nota de C, se ve así:

T T T/S T T/S
C D E G A C

.

Al igual que la escala natural, usa la nota C o 1ª como tónica. Para tocar la escala pentatónica menor usa la nota A ó 5ª como tu tónica.

Como referencia, el patrón de la escala pentatónica menor es TONO Y MEDIO, TONO, TONO, TONO Y MEDIO, TONO. Aplicado a la nota A, se ve así:

T/S T T T/S T
A C D E G A

.

TONALIDAD DE C MAYOR, A MENOR PENTATÓNICA

USA ESTA ESCALA CON CADA TONALIDAD, TÉCNICA, APLICACIÓN, RITMO Y COMBINACIÓN DE LAS CUATRO.

CAPÍTULO 28
LA ESCALA ÁRABE

El patrón de la escala árabe es T-T-S-S-T-T-T. Aplicado a la nota C se ve así:

	T		T		S		S		T		T		T	
C		D		E		F		Gb		Ab		Bb		C

TONALIDAD DE C, ÁRABE

USA ESTA ESCALA CON CADA TONALIDAD, TÉCNICA, APLICACIÓN, RITMO Y COMBINACIÓN DE LAS CUATRO.

CAPÍTULO 29
LA ESCALA BALINESA

FÓRMULA: S T TT S TT

APLICADA A C

	S	T	TT	S	TT
C	Db	Eb	G	Ab	C

TONALIDAD DE C BALINESA

USA ESTA ESCALA CON CADA TONALIDAD, TÉCNICA, APLICACIÓN, RITMO Y COMBINACIÓN DE LAS CUATRO.

CAPÍTULO 30
LA ESCALA DE BOP
FÓRMULA: S T S T S T S T
APLICADA A C

	S		T		S		T		S		T		S		T	
C		Db		Eb		E		F#		G		A		Bb		C

TONALIDAD DE C BOP

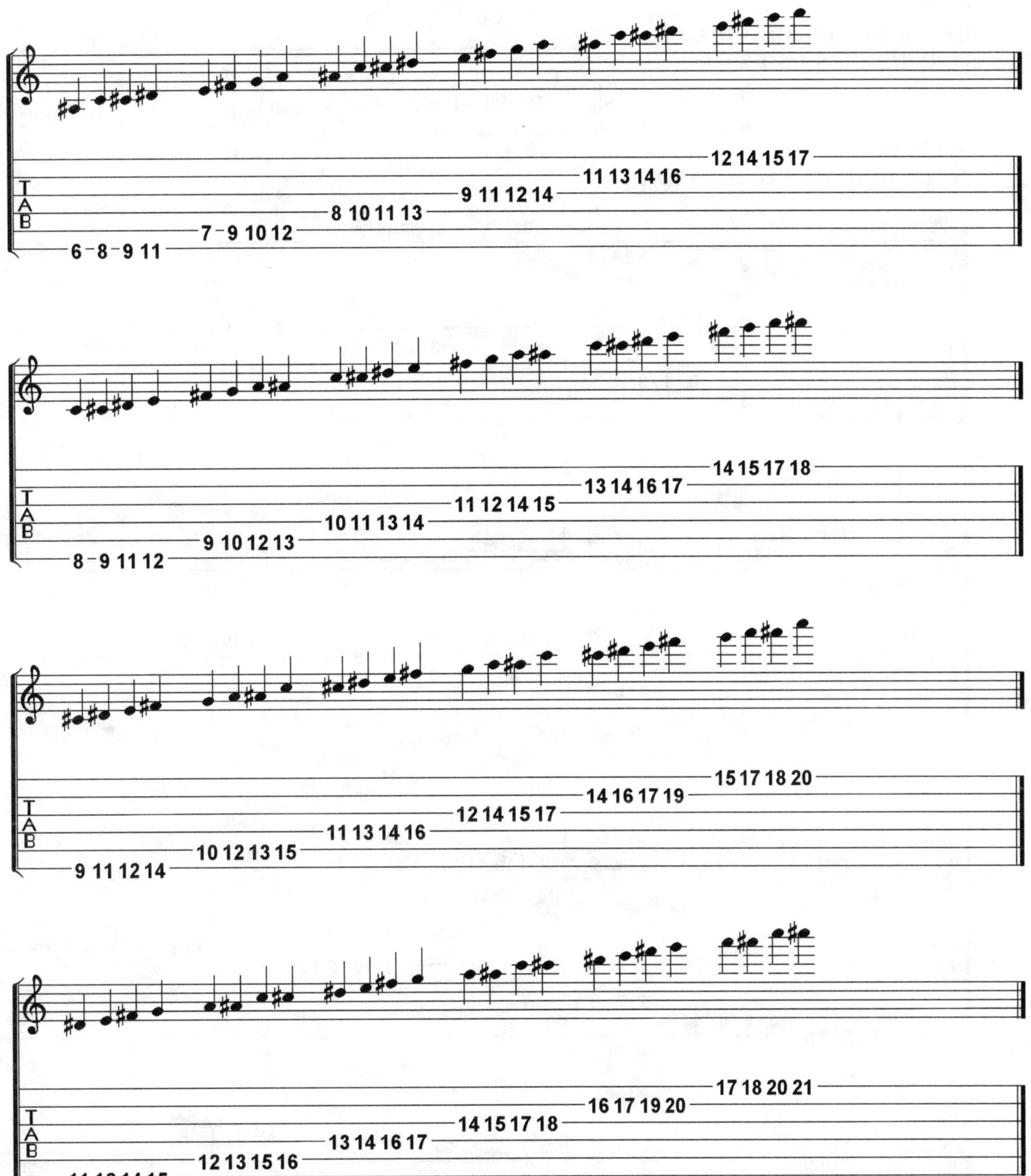

USA ESTA ESCALA CON CADA TONALIDAD, TÉCNICA, APLICACIÓN, RITMO Y COMBINACIÓN DE LAS CUATRO.

CAPÍTULO 31
LA ESCALA DISMINUIDA
FÓRMULA: T S T S T S T S

T	S	T	S	T	S	T	S	
C	D	Eb	F	Gb	Ab	A	B	C

APLICADA A C
TONALIDAD DE C DISMINUIDA

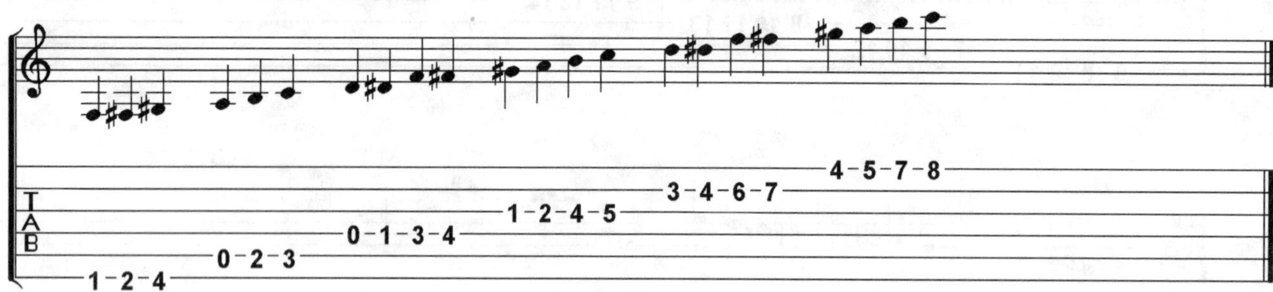

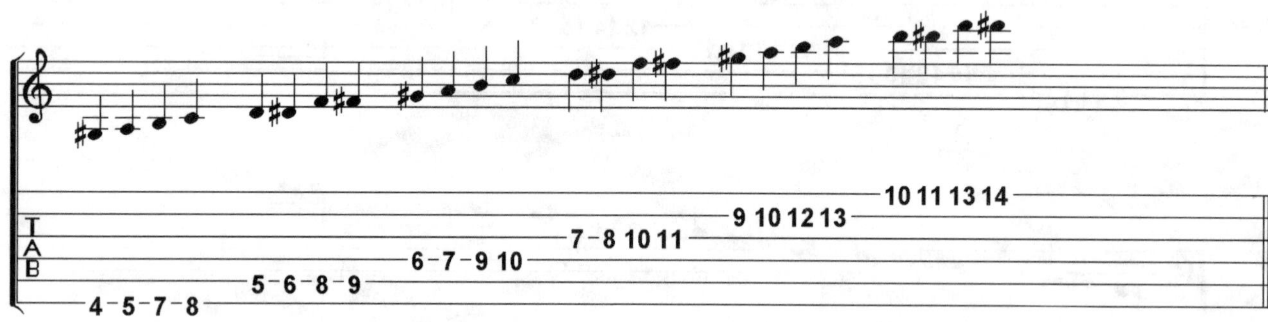

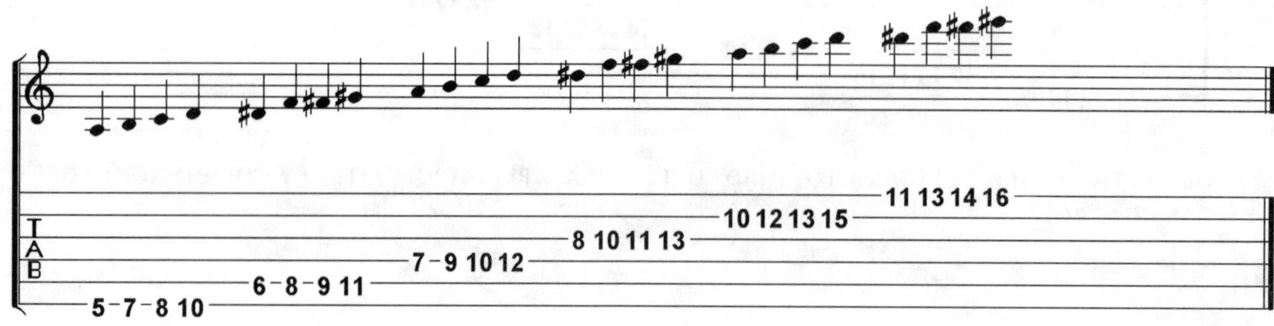

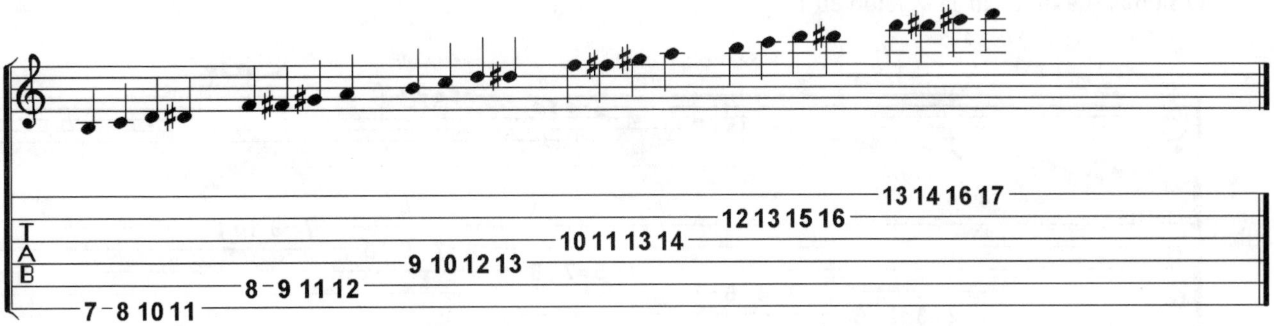

T
A
B

13 14 16 17
12 13 15 16
10 11 13 14
9 10 12 13
8 9 11 12
7 8 10 11

T
A
B

14 16 17 19
13 15 16 18
11 13 14 16
10 12 13 15
9 11 12 14
8 10 11 13

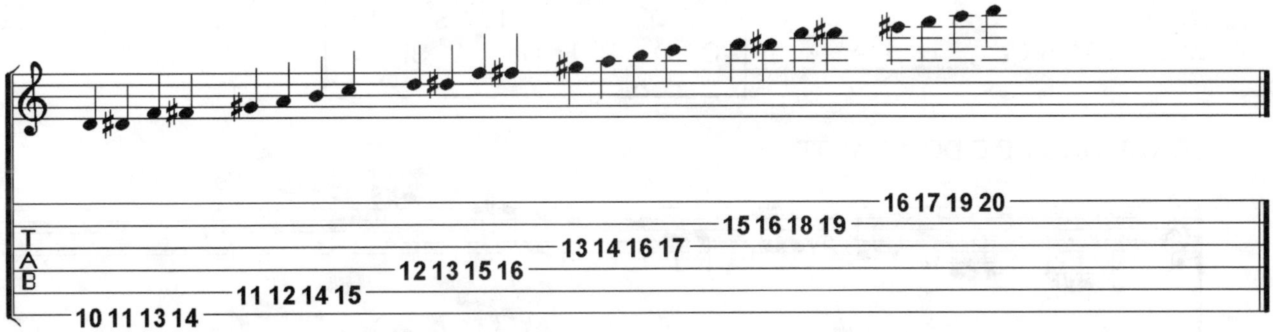

T
A
B

16 17 19 20
15 16 18 19
13 14 16 17
12 13 15 16
11 12 14 15
10 11 13 14

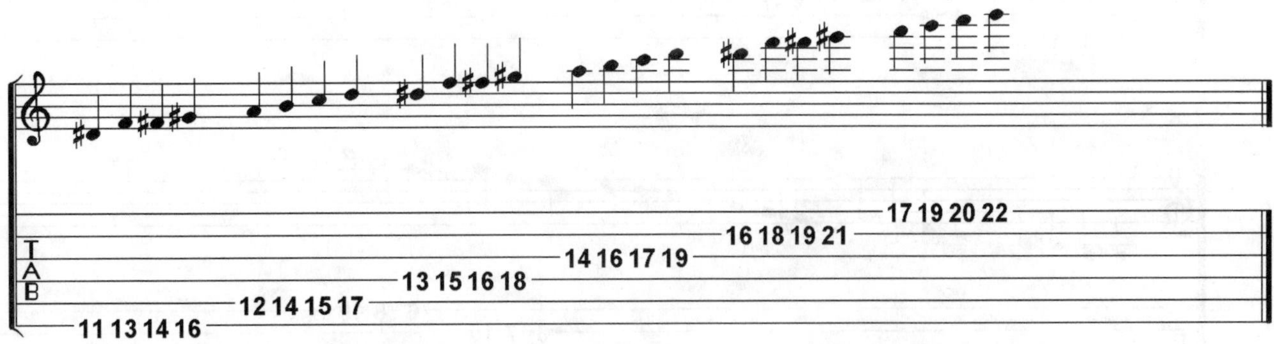

Otra manera de tocar la versión en F

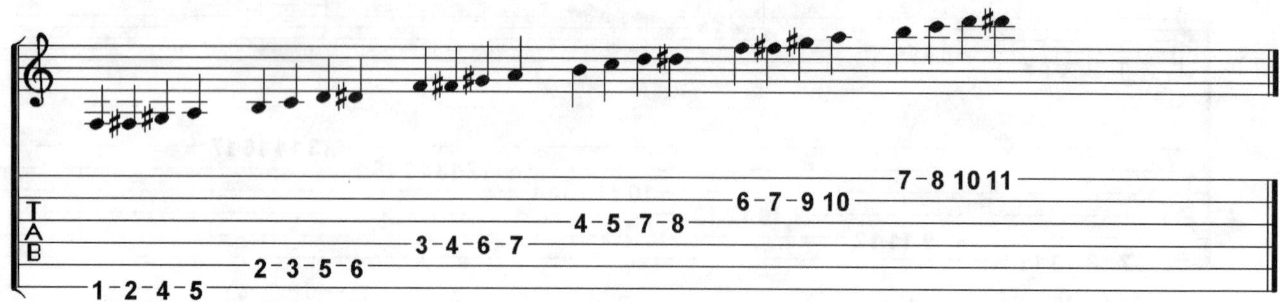

USA ESTA ESCALA CON CADA TONALIDAD, TÉCNICA, APLICACIÓN, RITMO Y COMBINACIÓN DE LAS CUATRO.

CAPÍTULO 32
LA ESCALA DOMINANTE 7,b5

FÓRMULA: T T S S TS S T

APLICADA A C

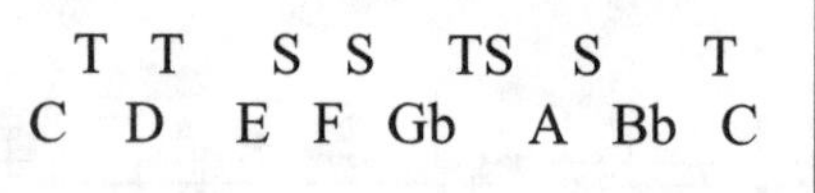

	T	T	S	S	TS	S	T
C	D	E	F	Gb	A	Bb	C

TONALIDAD DE C DOMINANTE 7,b5

8 10 12
7 10 11
7-9 10
7-8 10
5-7-8-9
2-5-6-8
TAB

10 12 13
10 11 13
9 10 11
8 10 12
7-8-9 12
5-6-8 10
TAB

12 13 14
11 13 15
10 11 14
10 12 14
8-9 12 13
6-8 10 12
TAB

13 14 17
13 15 17
11 14 15
12 14 15
9 12 13 15
8 10 12 13
TAB

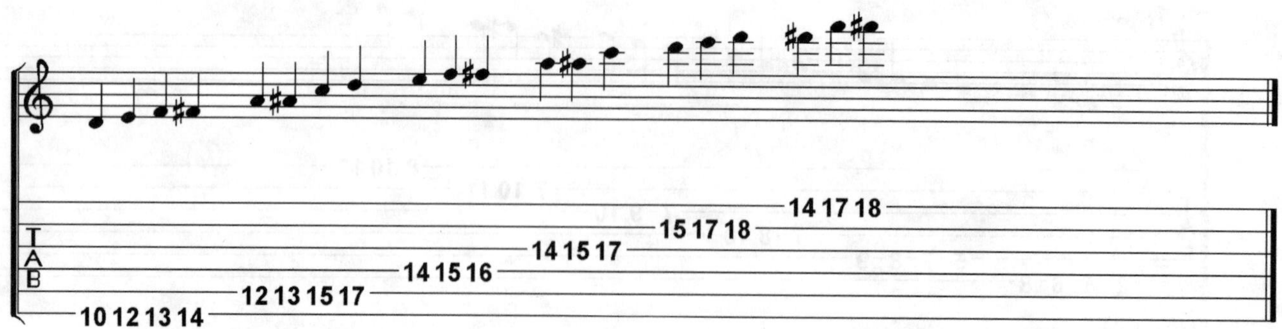

Otra manera de tocar la versión en E

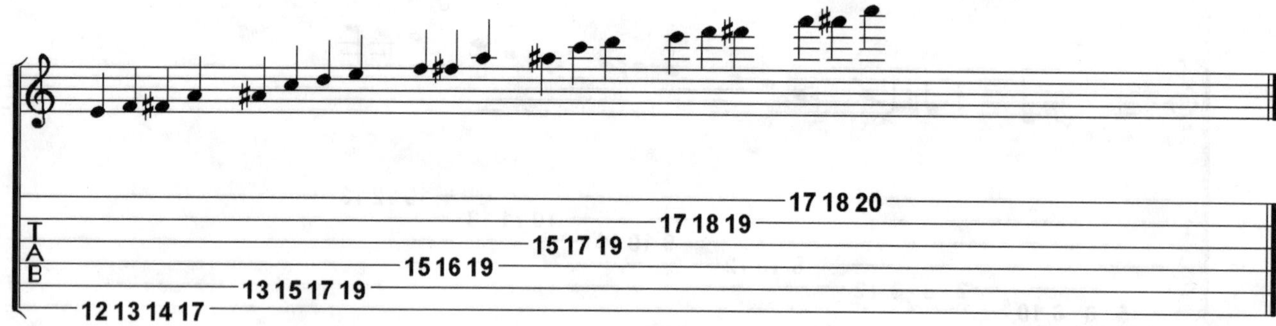

USA ESTA ESCALA CON CADA TONALIDAD, TÉCNICA, APLICACIÓN, RITMO Y COMBINACIÓN DE LAS CUATRO.

CAPÍTULO 33
LA ESCALA DOMINANTE 7,b9
FÓRMULA: S TS S S T S T
APLICADA A C

S	TS	S	S	T	S	T	
C	Db	E	F	G	A	Bb	C

TONALIDAD DE C DOMINANTE 7,b9

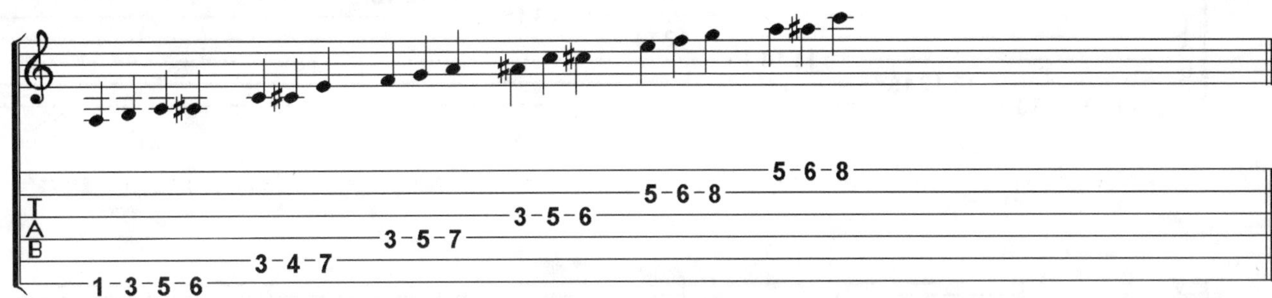

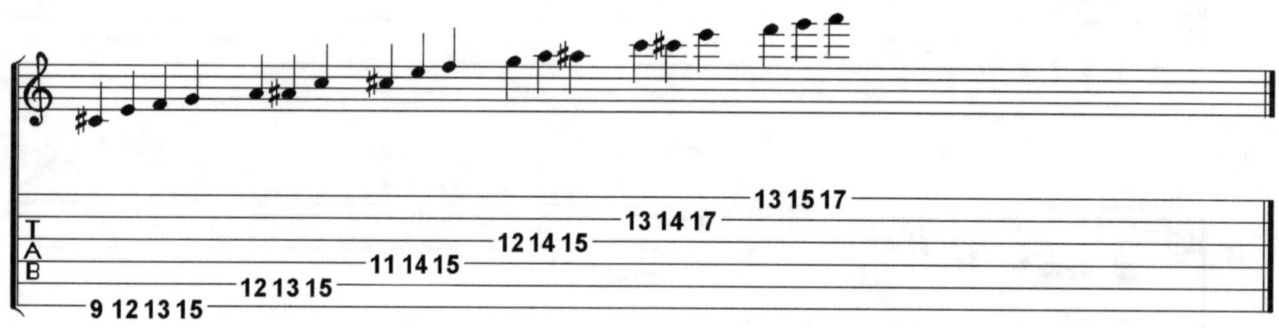

USA ESTA ESCALA CON CADA TONALIDAD, TÉCNICA, APLICACIÓN, RITMO Y COMBINACIÓN DE LAS CUATRO.

CAPÍTULO 34
ESCALA DOMINANTE 7,b9,#11
FÓRMULA: S TS T S T S T
APLICADA A C

S	TS	T	S	T	S	T	
C	Db	E	F#	G	A	Bb	C

TONALIDAD DE C DOMINANTE 7, b9, #11

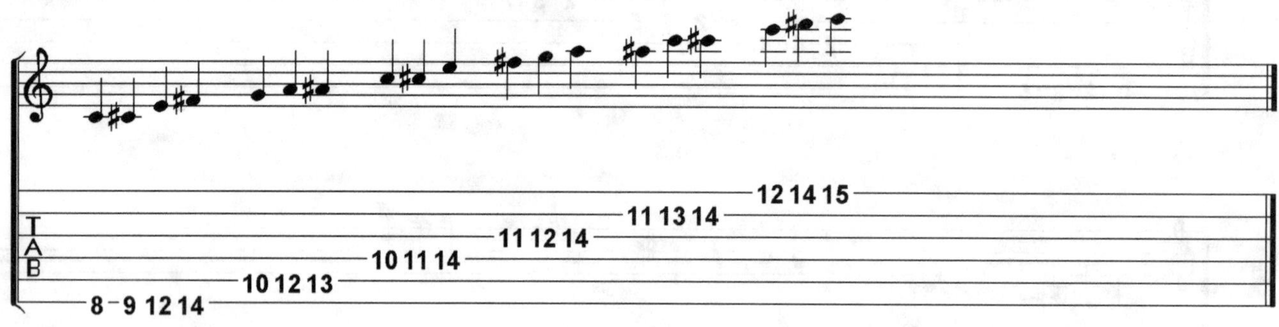

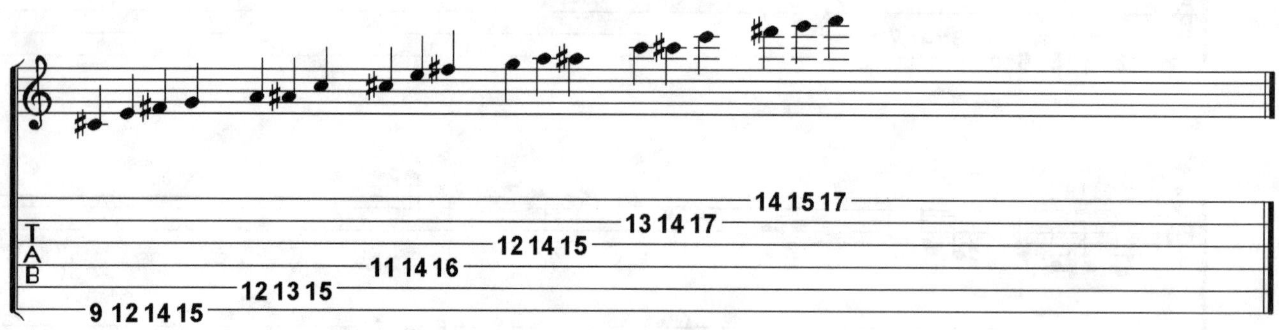

USA ESTA ESCALA CON CADA TONALIDAD, TÉCNICA, APLICACIÓN, RITMO Y COMBINACIÓN DE LAS CUATRO.

CAPÍTULO 35
LA ESCALA DOMINANTE 7, #9
FORMULA: TS S S T T S T
APLICADA A C

TS	S	S	T	T	S	T	
C	D#	E	F	G	A	Bb	C

TONALIDAD DE C DOMINANTE 7, #9

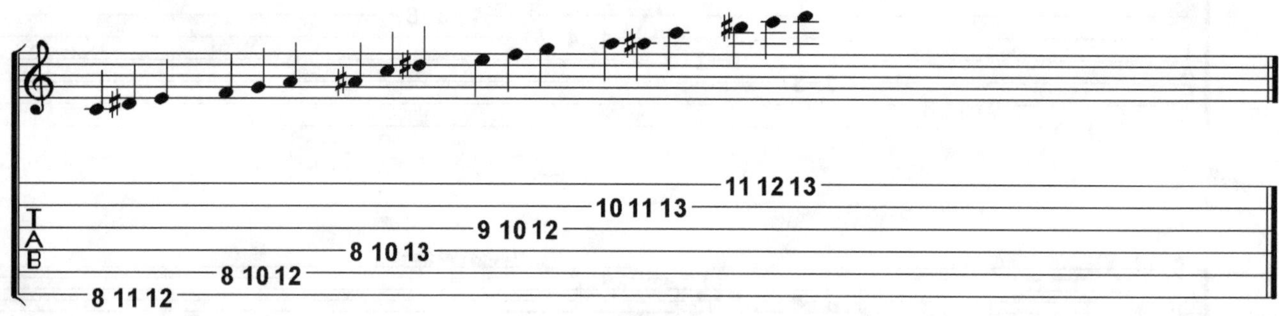

USA ESTA ESCALA CON CADA TONALIDAD, TÉCNICA, APLICACIÓN, RITMO Y COMBINACIÓN DE LAS CUATRO.

CAPÍTULO 36
LA ESCALA DOMINANTE 7, #5, #9, #11

FORMULA: TS S S T T S S T
APLICADA A C

TS	S	T	T	S	S	T	
C	D#	E	F#	G#	A	Bb	C

TONALIDAD DE C DOMINANTE 7, #5, #9, #11

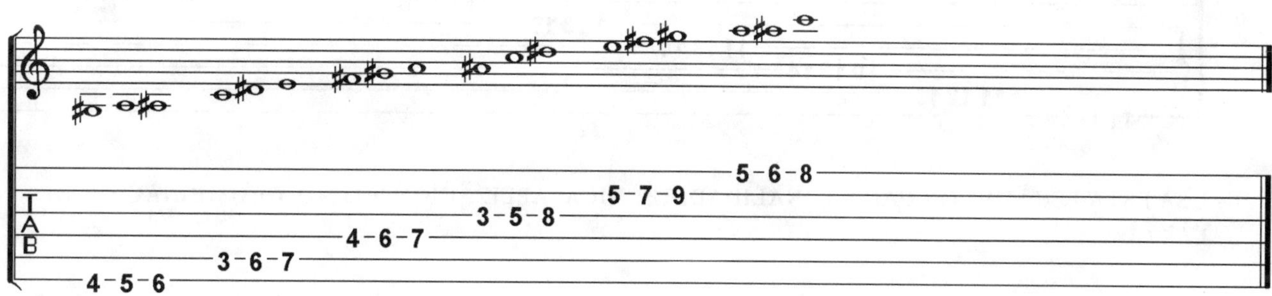

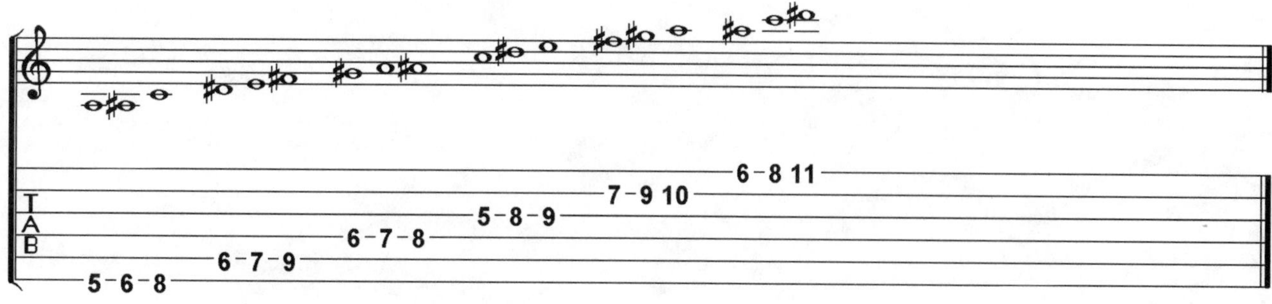

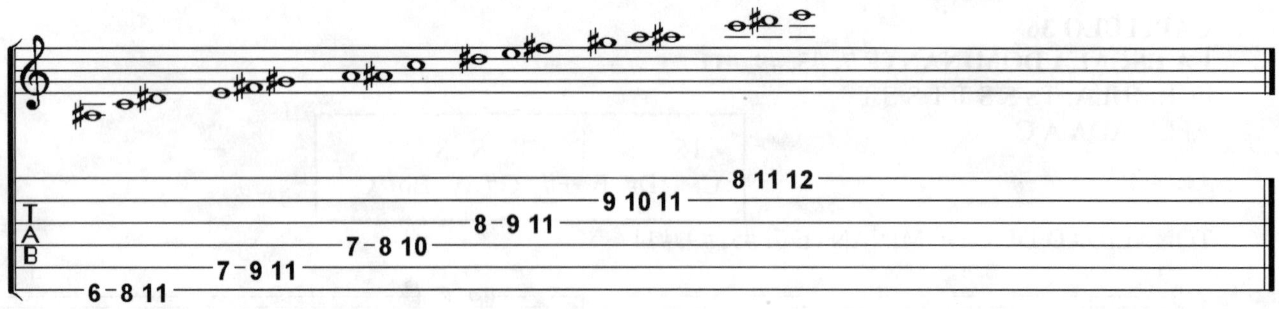

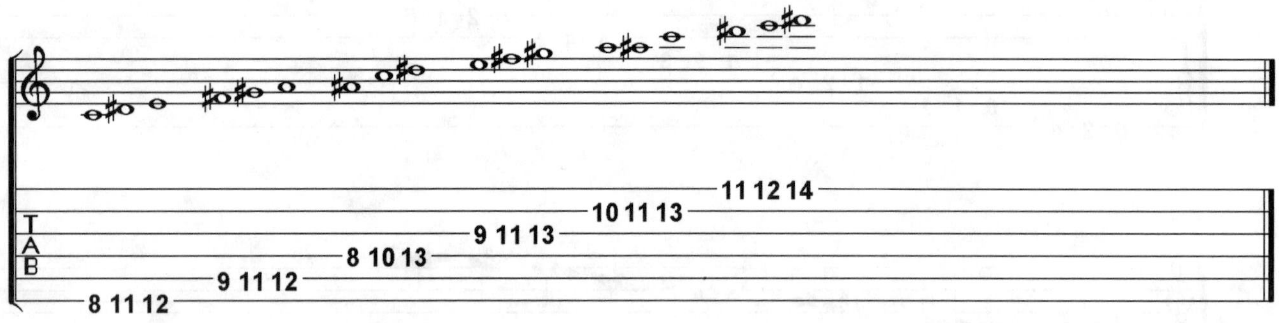

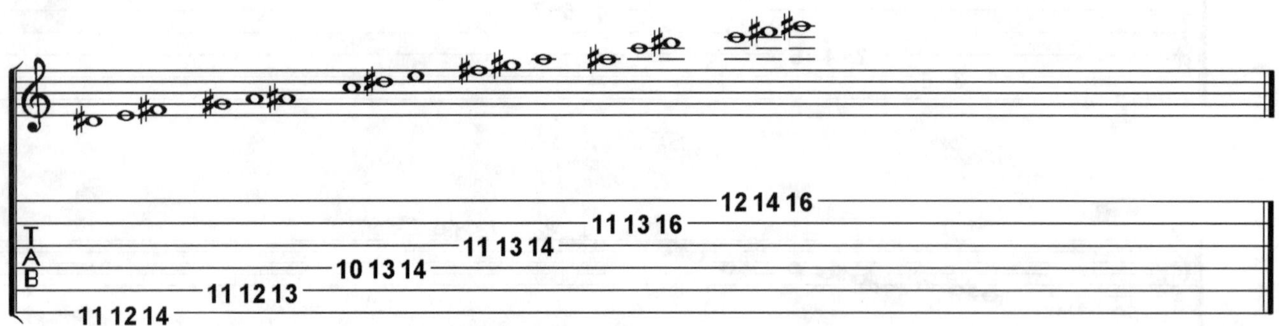

USA ESTA ESCALA CON CADA TONALIDAD, TÉCNICA, APLICACIÓN, RITMO Y COMBINACIÓN DE LAS CUATRO.

CAPÍTULO 37
LA ESCALA DOMINANTE 9, #11
FÓRMULA: T T T S T S T

APLICADA A C

T	T	T	S	T	S	T	
C	D	E	F#	G	A	Bb	C

TONALIDAD DE C DOMINANTE 9, #11

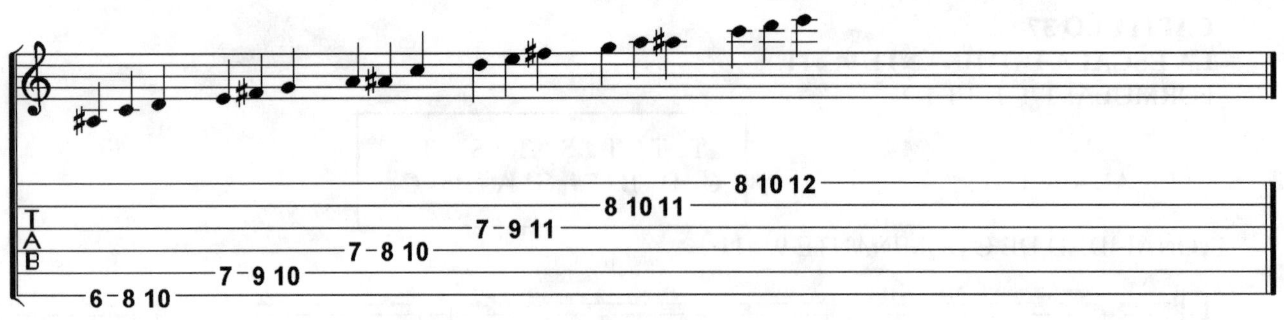

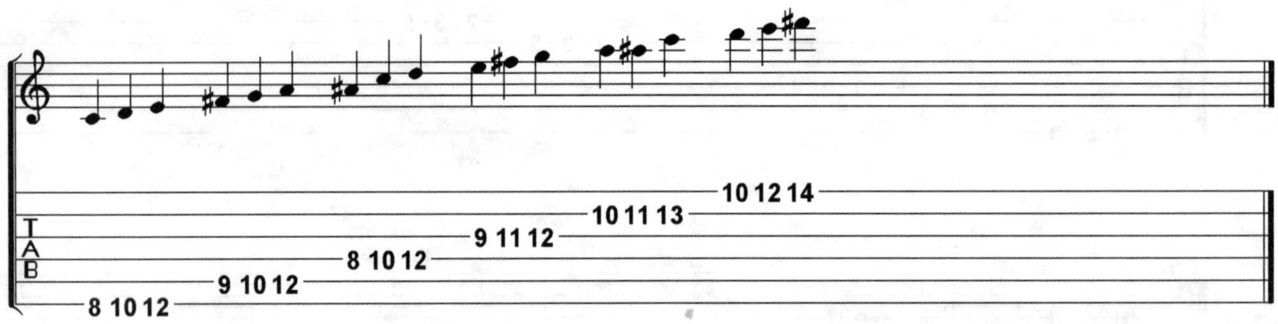

USA ESTA ESCALA CON CADA TONALIDAD, TÉCNICA, APLICACIÓN, RITMO Y COMBINACIÓN DE LAS CUATRO.

CAPÍTULO 38
LA ESCALA MENOR ARMÓNICA

FÓRMULA: T S T T S TS S
APLICADA A C

T	S	T	T	S	TS	S	
C	D	Eb	F	G	Ab	B	C

TONALIDAD DE C, MENOR ARMÓNICA

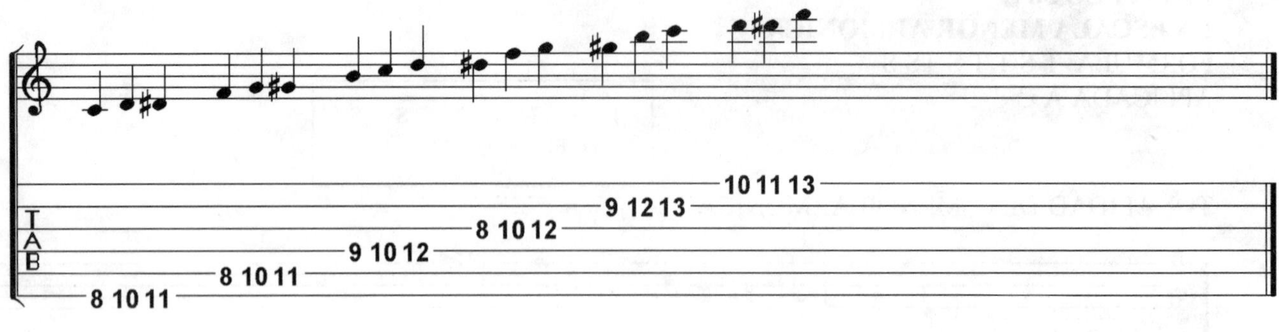

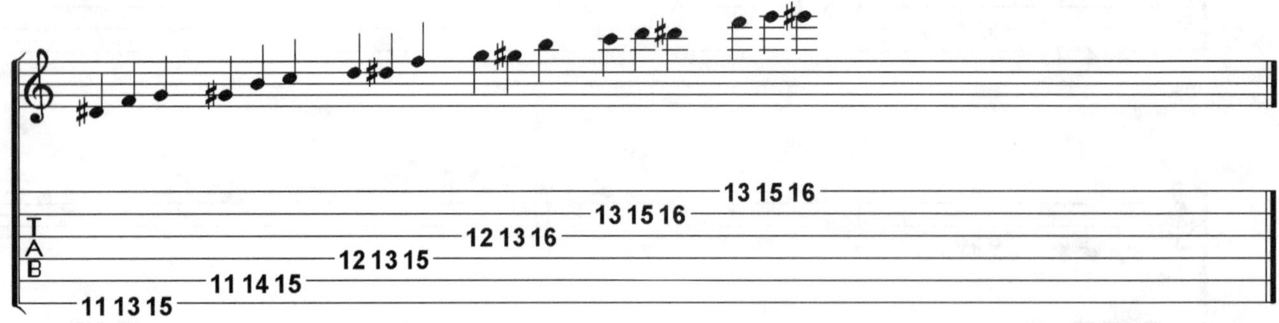

USA ESTA ESCALA CON CADA TONALIDAD, TÉCNICA, APLICACIÓN, RITMO Y COMBINACIÓN DE LAS CUATRO.

CAPÍTULO 39
LA ESCALA HAWAIANA

FÓRMULA: T S T T T T S
APLICADA A C

T S T T T T S
C D Eb F G A B C

TONALIDAD DE C HAWAIANA

USA ESTA ESCALA CON CADA TONALIDAD, TÉCNICA, APLICACIÓN, RITMO Y COMBINACIÓN DE LAS CUATRO.

CAPÍTULO 40
LA ESCALA HÚNGARA GITANA
FÓRMULA: S TS S T S TS S
APLICADA A C

S	TS	S	T	S	TS	S
C	Db	E	F	G	Ab	B C

TONALIDAD DE C HÚNGARA GITANA

USA ESTA ESCALA CON CADA TONALIDAD, TÉCNICA, APLICACIÓN, RITMO Y COMBINACIÓN DE LAS CUATRO.

CAPÍTULO 41
LA ESCALA HÚNGARA MAYOR
FÓRMULA: TS S T S T S T
APLICADA A C

TS		S	T		S	T	S	T
C		D#	E		F#	G	A	Bb	C

TONALIDAD DE C HÚNGARA MAYOR

USA ESTA ESCALA CON CADA TONALIDAD, TÉCNICA, APLICACIÓN, RITMO Y COMBINACIÓN DE LAS CUATRO.

CAPÍTULO 42
LA ESCALA HÚNGARA MENOR

FÓRMULA: T S TS S S TS S
APLICADA A C

T S TS S S ST S
C D Eb F# G Ab B C

TONALIDAD DE C HÚNGARA MENOR

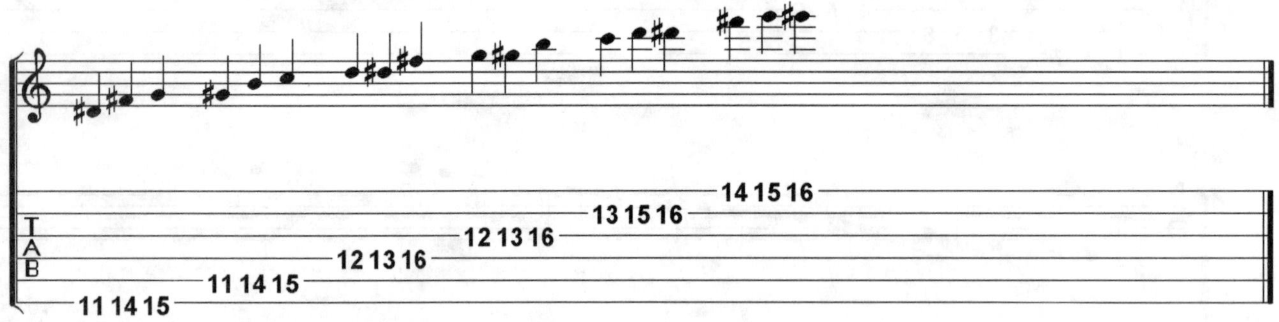

USA ESTA ESCALA CON CADA TONALIDAD, TÉCNICA, APLICACIÓN, RITMO Y COMBINACIÓN DE LAS CUATRO.

CAPÍTULO 43
LA ESCALA JAPONESA

FÓRMULA: T TS T T TS
APLICADA A C

T TS T T TS
C D F G A C

TONALIDAD DE C JAPONESA

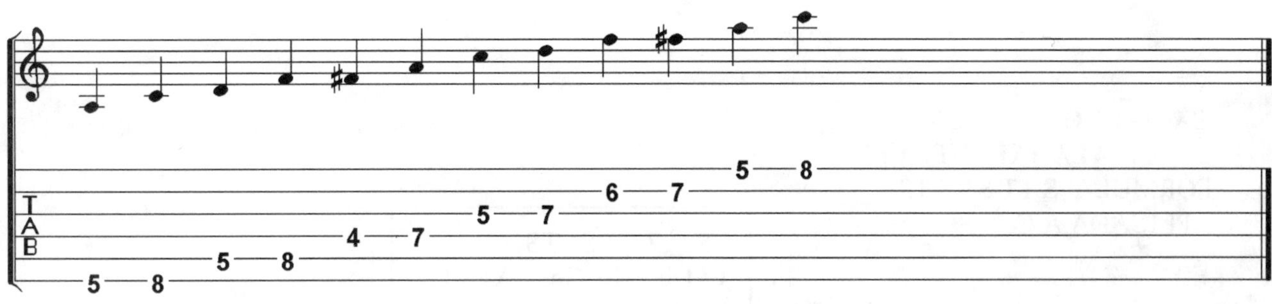

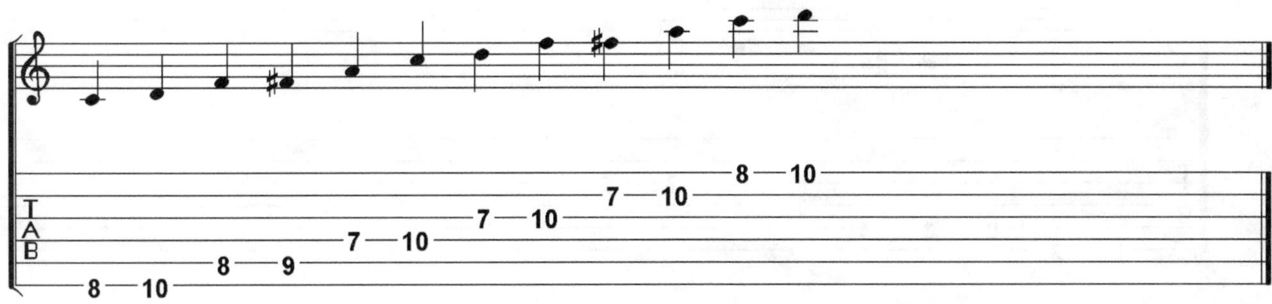

USA ESTA ESCALA CON CADA TONALIDAD, TÉCNICA, APLICACIÓN, RITMO Y COMBINACIÓN DE LAS CUATRO.

CAPÍTULO 44
LA ESCALA JAPONESA b2
FÓRMULA: S TT S TS TS
APLICADA A C

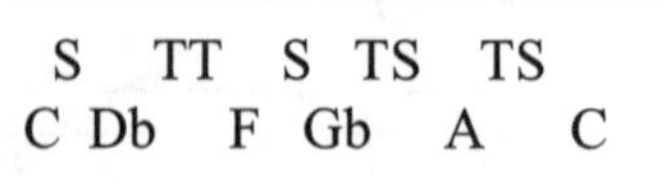

S	TT	S	TS	TS	
C	Db	F	Gb	A	C

TONALIDAD DE C JAPONESA b2

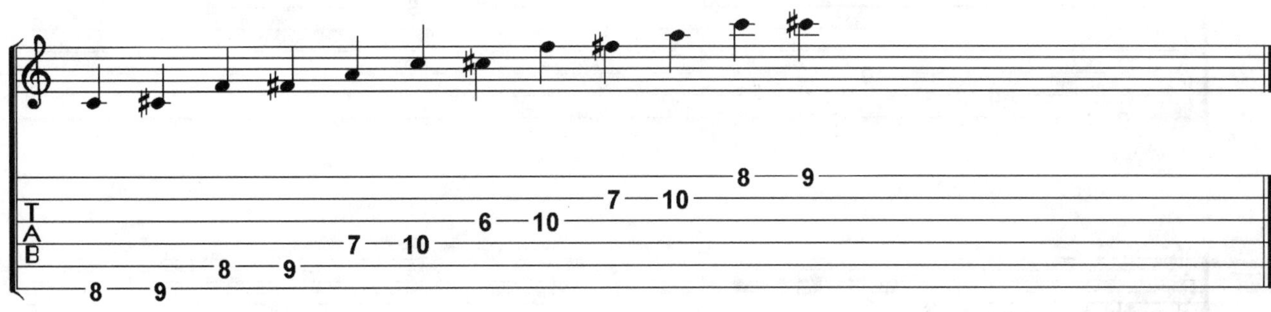

USA ESTA ESCALA CON CADA TONALIDAD, TÉCNICA, APLICACIÓN, RITMO Y COMBINACIÓN DE LAS CUATRO.

CAPÍTULO 45
LA ESCALA MAYOR 7, #5
FÓRMULA: T T S TS S T S
APLICADA A C

T	T	S	TS	S	T	S	
C	D	E	F	G#	A	B	C

TONALIDAD DE C MAYOR 7, #5

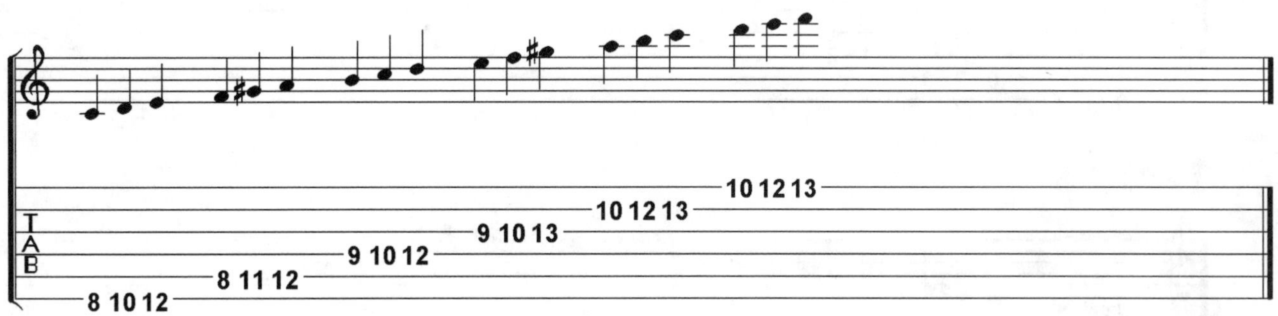

USA ESTA ESCALA CON CADA TONALIDAD, TÉCNICA, APLICACIÓN, RITMO Y COMBINACIÓN DE LAS CUATRO.

CAPÍTULO 46
ESCALA MAYOR 7, #5, # 9
FÓRMULA: TS S S TS S T S
APLICADA A C

TS	S	S	TS	S	T	S	
C	D#	E	F	G#	A	B	C

TONALIDAD DE C MAYOR 7, #5, #9

USA ESTA ESCALA CON CADA TONALIDAD, TÉCNICA, APLICACIÓN, RITMO Y COMBINACIÓN DE LAS CUATRO.

CAPÍTULO 47
LA ESCALA MENOR MELÓDICA

FÓRMULA: T S T T T T S

APLICADA A C

T S T T T T S
C D Eb F G A B C

TONALIDAD DE C, MENOR MELÓDICA

USA ESTA ESCALA CON CADA TONALIDAD, TÉCNICA, APLICACIÓN, RITMO Y COMBINACIÓN DE LAS CUATRO.

CAPÍTULO 48
LA ESCALA MENOR 7, b5
FÓRMULA: T S T S TS S T
APLICADA A C

T	S	T	S	TS	S	T	
C	D	Eb	F	Gb	A	Bb	C

TONALIDAD DE C MENOR 7, b5

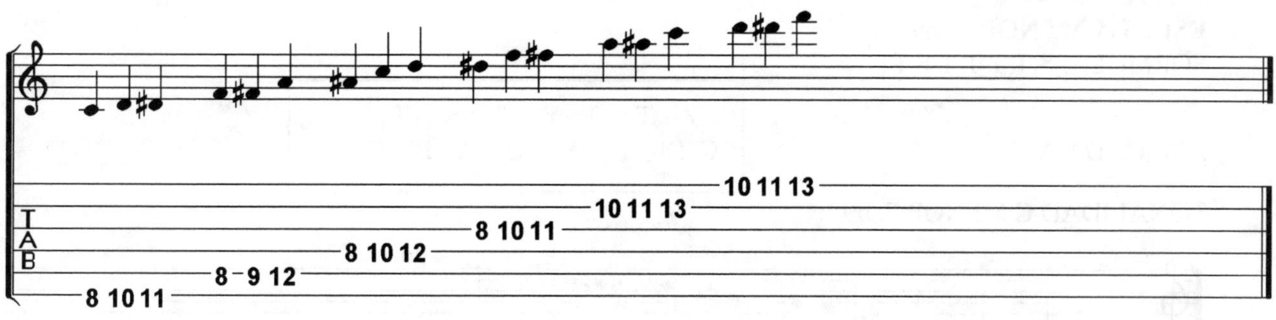

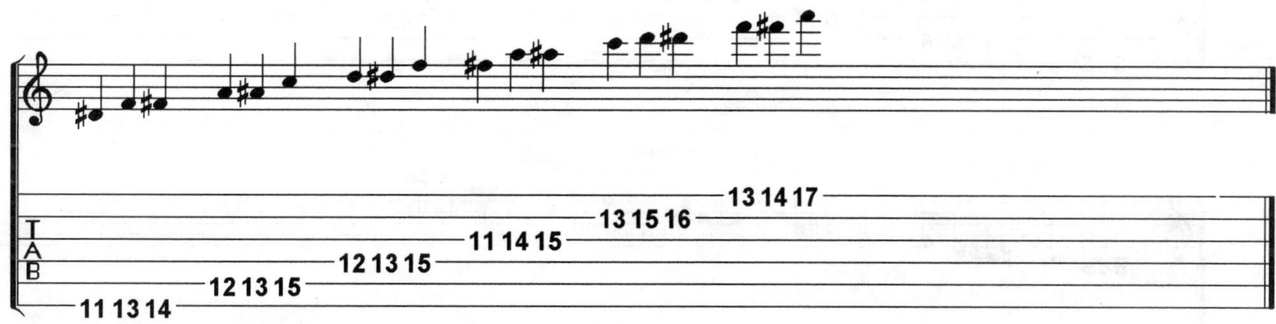

USA ESTA ESCALA CON CADA TONALIDAD, TÉCNICA, APLICACIÓN, RITMO Y COMBINACIÓN DE LAS CUATRO.

CAPÍTULO 49
ESCALA MENOR 7, b9
FÓRMULA: S T T T T S T

APLICADA A C

S	T	T	T	T	S	T	
C	Db	Eb	F	G	A	Bb	C

TONALIDAD C MENOR 7, b9

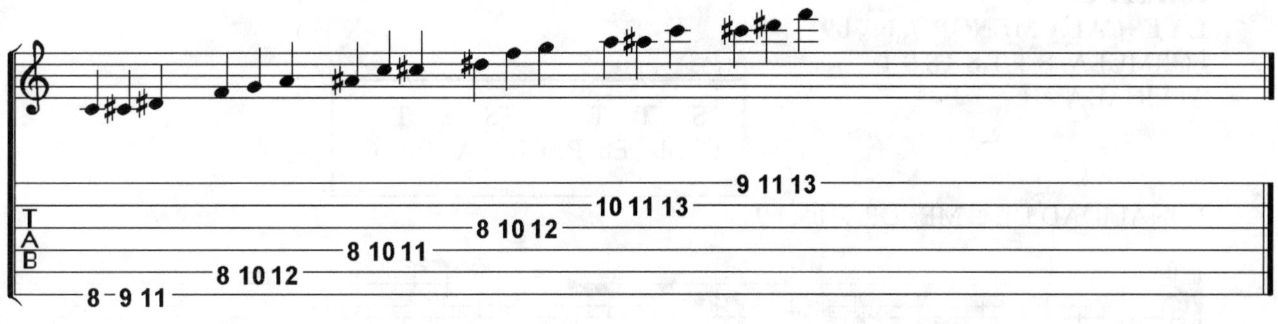

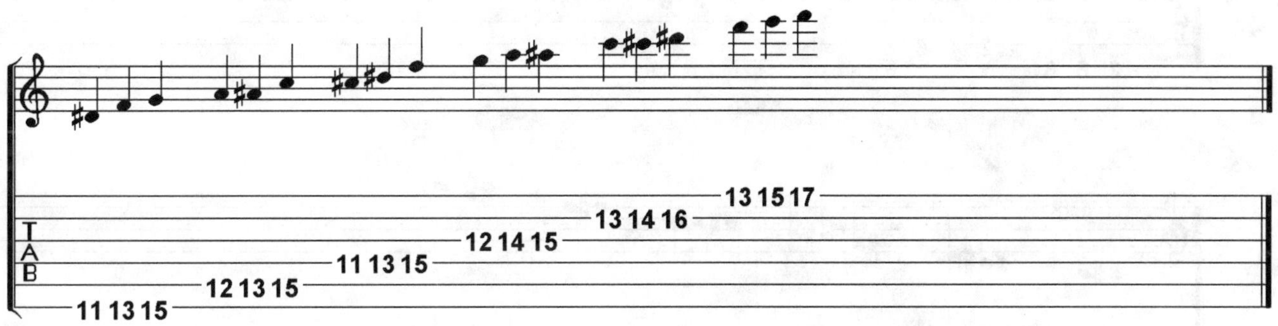

USA ESTA ESCALA CON CADA TONALIDAD, TÉCNICA, APLICACIÓN, RITMO Y COMBINACIÓN DE LAS CUATRO.

CAPÍTULO 50
LA ESCALA MENOR 7, b5, b9

FÓRMULA: S T T S TS S T

APLICADA A C

	S	T	T	S	TS	S	T	
C	Db	Eb	F	Gb	A	Bb	C	

TONALIDAD DE C MENOR 7, b5, b9

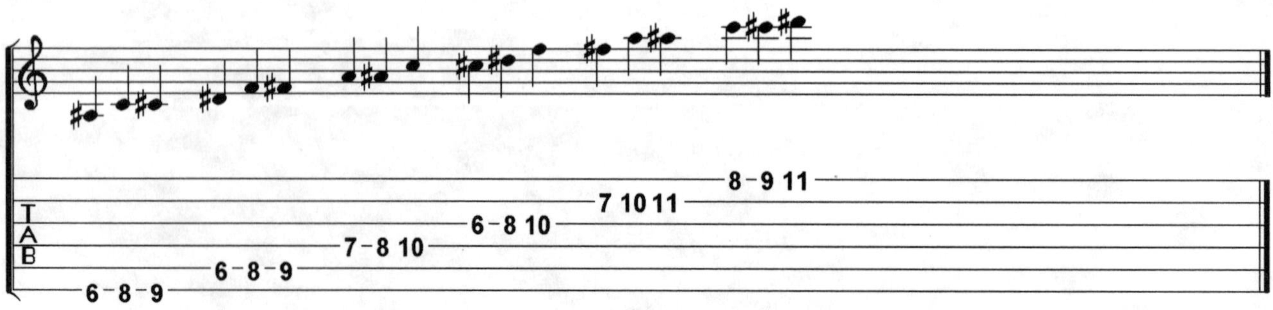

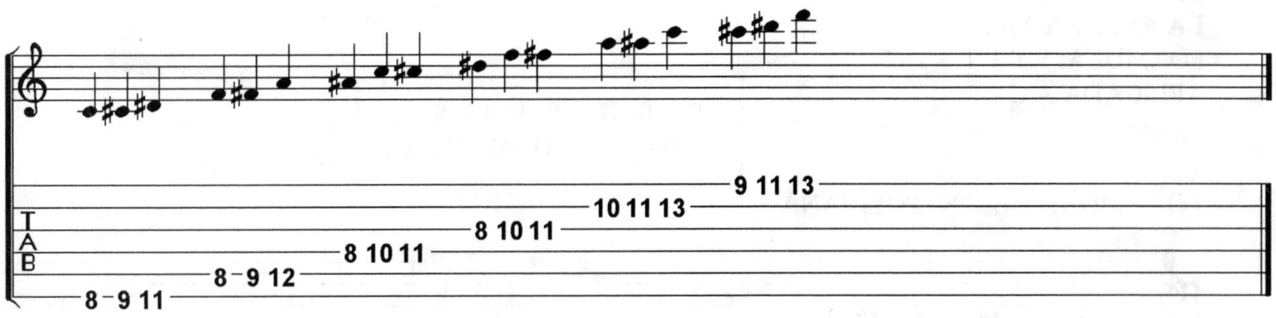

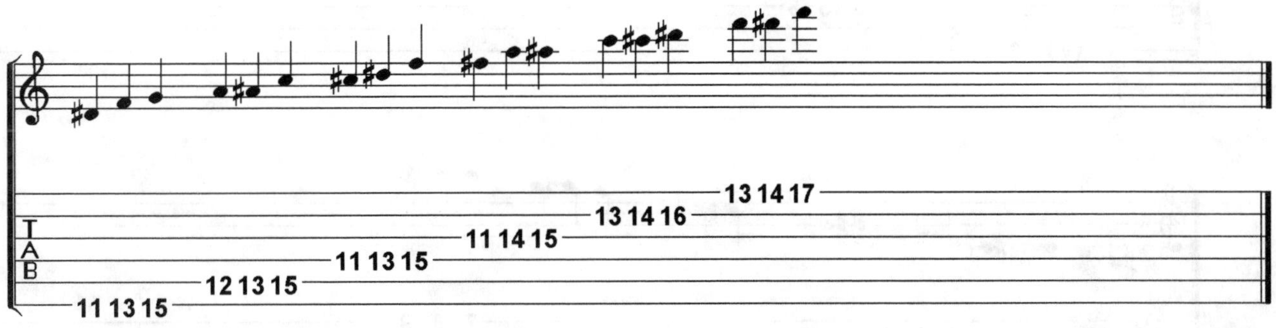

USA ESTA ESCALA CON CADA TONALIDAD, TÉCNICA, APLICACIÓN, RITMO Y COMBINACIÓN DE LAS CUATRO.

CAPÍTULO 51
LA ESCALA NAPOLITANA
FÓRMULA: S T T T S TS S
APLICADA A C

S T T T S TS S
C Db Eb F G Ab B C

TONALIDAD DE C NAPOLITANA

USA ESTA ESCALA CON CADA TONALIDAD, TÉCNICA, APLICACIÓN, RITMO Y COMBINACIÓN DE LAS CUATRO.

CAPÍTULO 52
LA ESCALA MENOR NAPOLITANA
FÓRMULA: S T T T T T S
APLICADA A C

S	T	T	T	T	T	S	
C	Db	Eb	F	G	A	B	C

TONALIDAD DE C MENOR NAPOLITANA

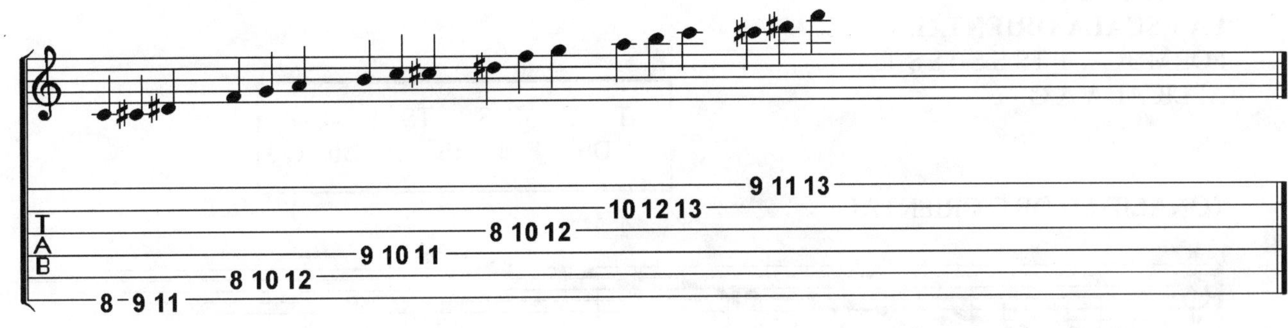

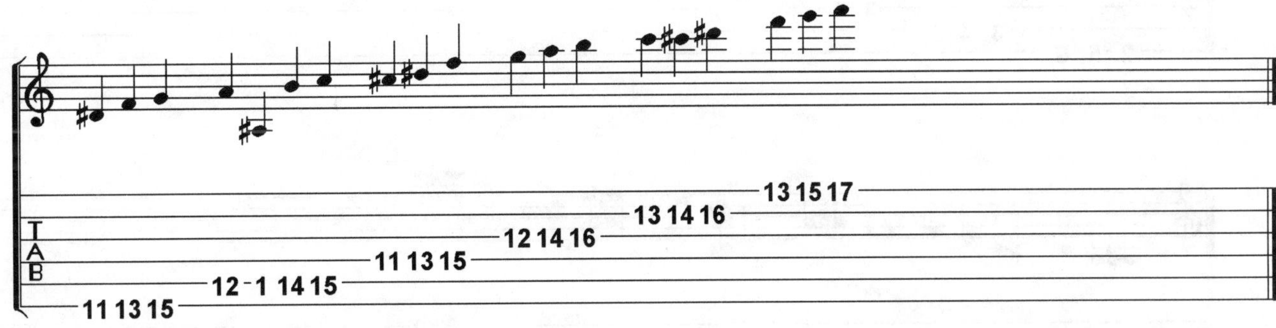

USA ESTA ESCALA CON CADA TONALIDAD, TÉCNICA, APLICACIÓN, RITMO Y COMBINACIÓN DE LAS CUATRO.

CAPÍTULO 53
LA ESCALA ORIENTAL
FÓRMULA: T TS S S TS S T
APLICADA A C

T	TS		S	S	TS	S	T
C	Db	E	F	Gb	A	Bb	C

TONALIDAD DE C ORIENTAL

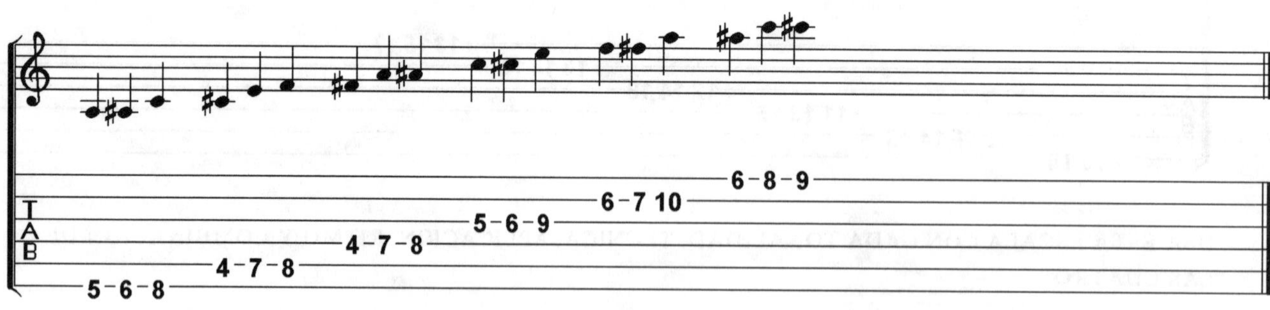

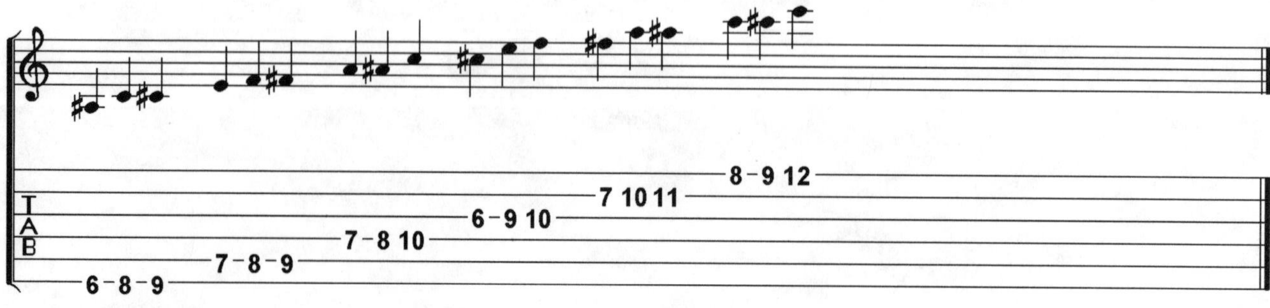

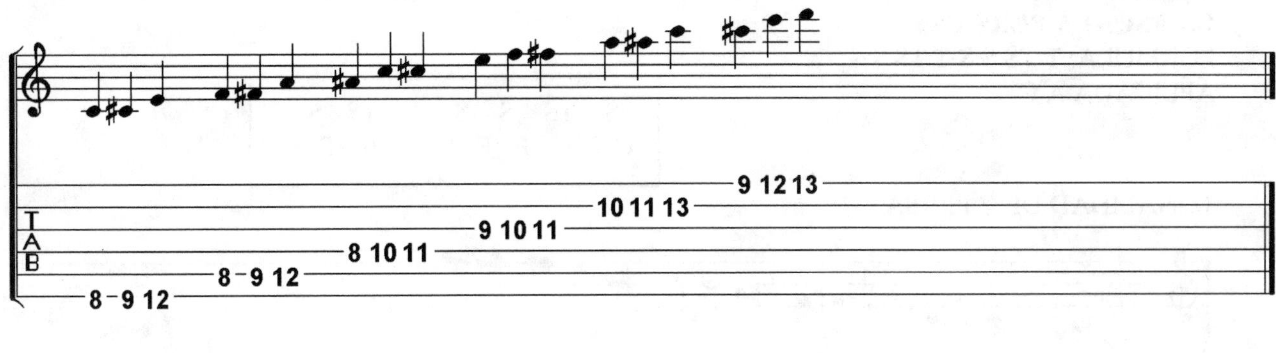

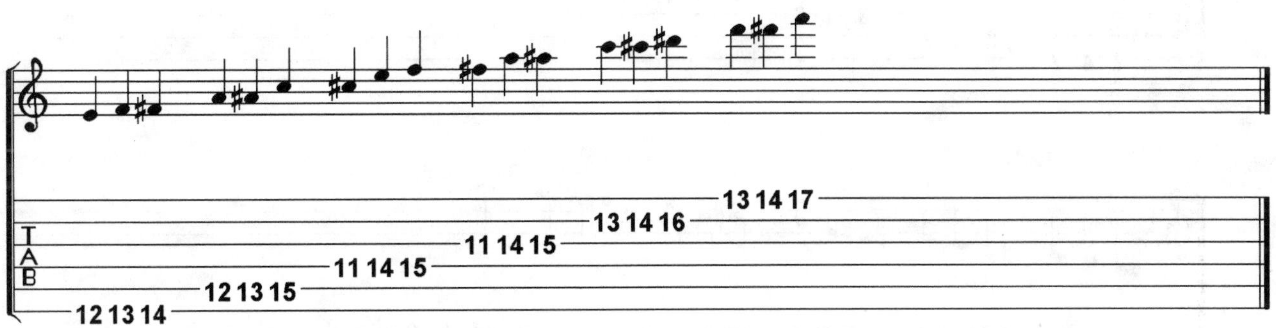

USA ESTA ESCALA CON CADA TONALIDAD, TÉCNICA, APLICACIÓN, RITMO Y COMBINACIÓN DE LAS CUATRO.

CAPÍTULO 54
LA ESCALA PERSA
FÓRMULA: T TS S S T TS S
APLICADA A C

S	TS	S	S	T	TS	S	
C	Db	E	F	Gb	Ab	B	C

TONALIDAD DE C PERSA

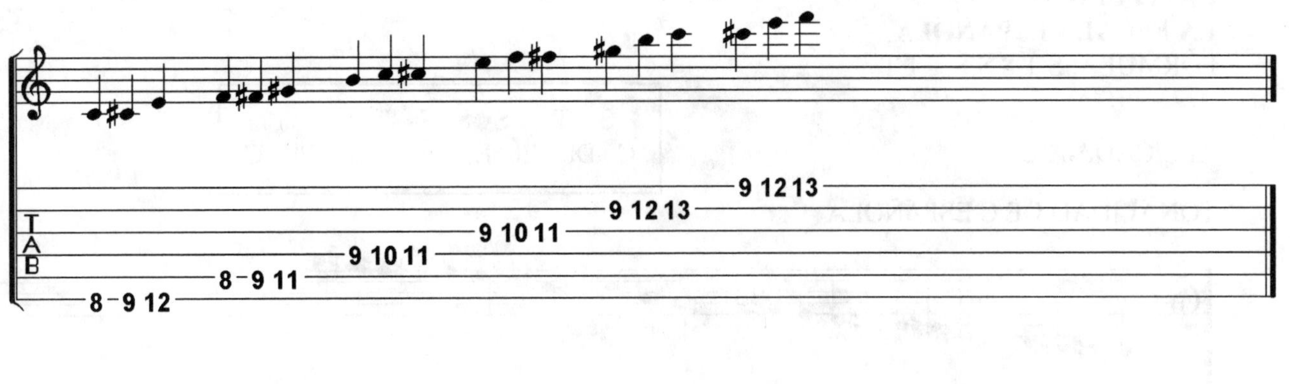

USA ESTA ESCALA CON CADA TONALIDAD, TÉCNICA, APLICACIÓN, RITMO Y COMBINACIÓN DE LAS CUATRO.

CAPÍTULO 55
LA ESCALA ESPAÑOLA
FÓRMULA: S T S S S T T T

APLICADA A C

	S	T	S	S	S	T	T	T
C	Db	Eb	E	F	Gb	Ab	Bb	C

TONALIDAD DE C ESPAÑOLA

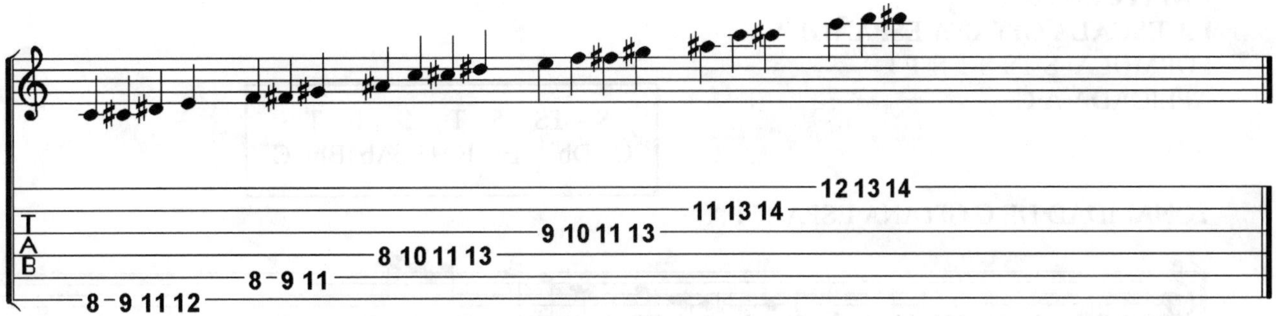

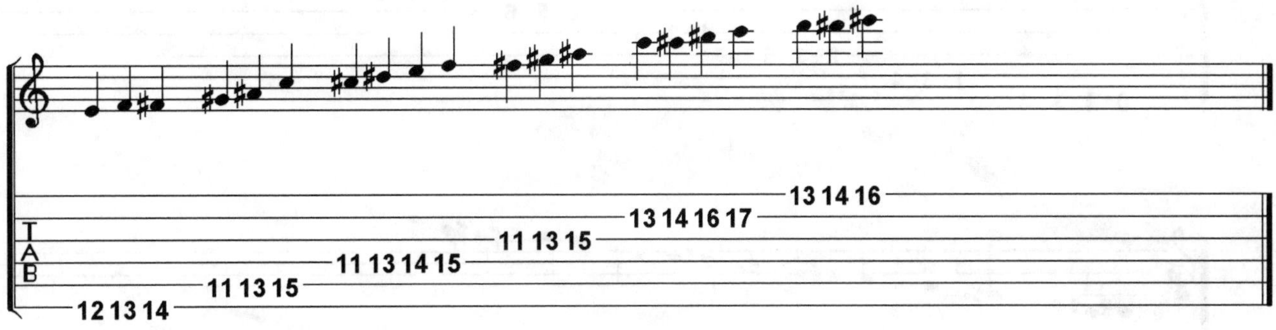

USA ESTA ESCALA CON CADA TONALIDAD, TÉCNICA, APLICACIÓN, RITMO Y COMBINACIÓN DE LAS CUATRO.

CAPÍTULO 56
LA ESCALA GITANA ESPAÑOLA
FÓRMULA: S TS S T S T T
APLICADA A C

S	TS	S	T	S	T	T	
C	Db	E	F	G	Ab	Bb	C

TONALIDAD DE C GITANA ESPAÑOLA

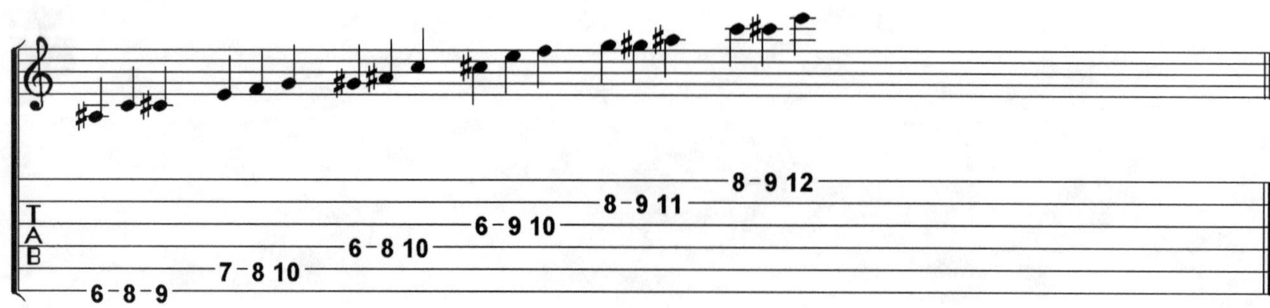

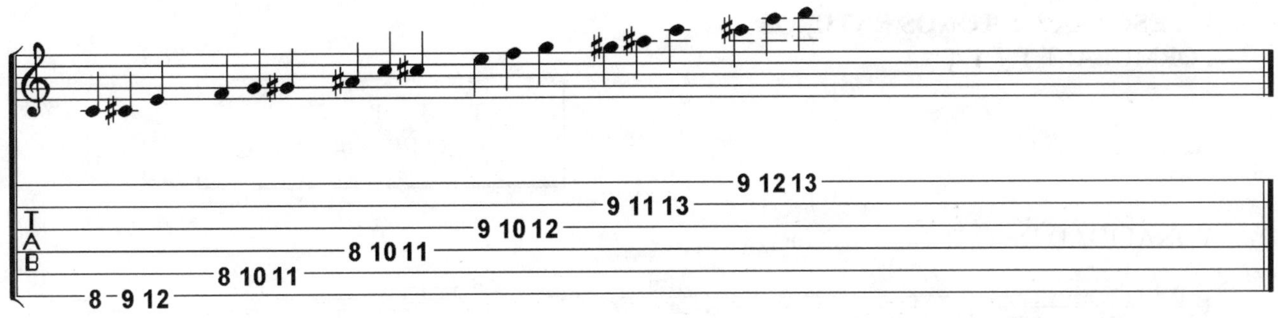

USA ESTA ESCALA CON CADA TONALIDAD, TÉCNICA, APLICACIÓN, RITMO Y COMBINACIÓN DE LAS CUATRO.

CAPÍTULO 57
LA ESCALA DE TONOS ENTEROS
FÓRMULA: T T T T T T

APLICADA A C

T	T	T	T	T	T	
C	D	E	F#	G#	A#	C

TONALIDAD DE C TONOS ENTEROS

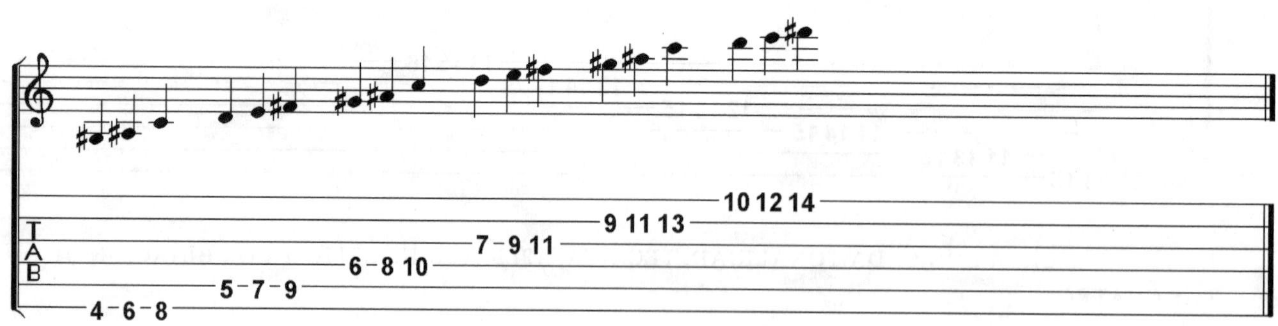

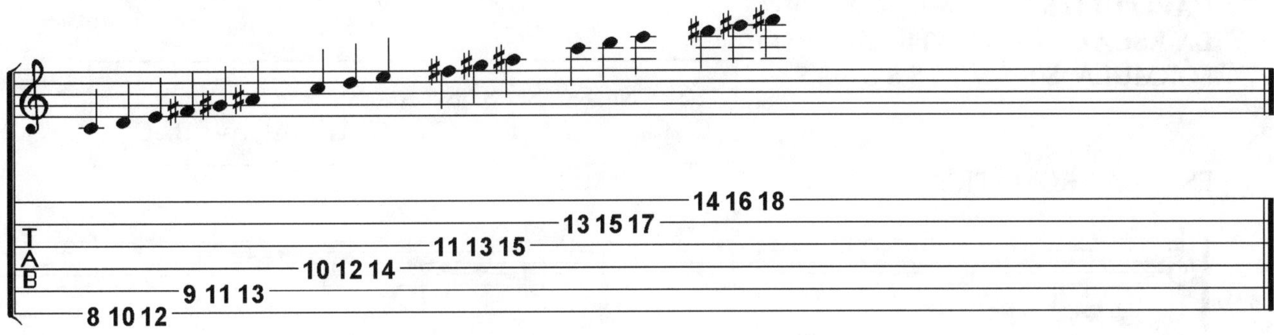

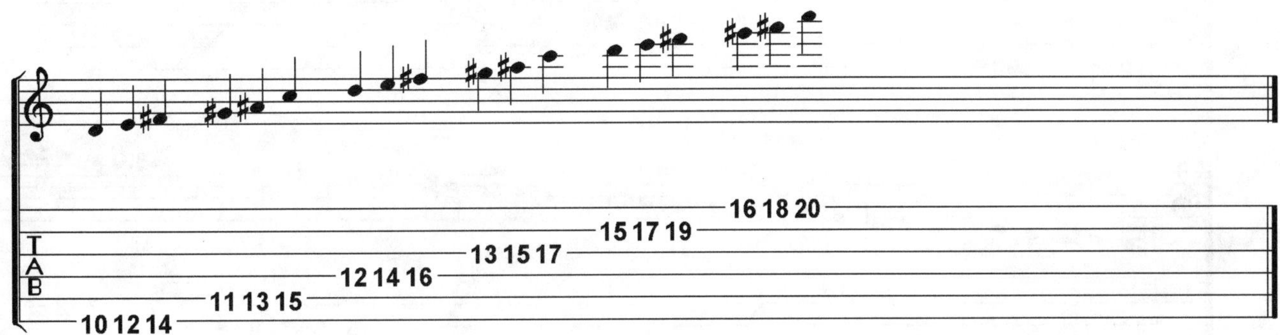

USA ESTA ESCALA CON CADA TONALIDAD, TÉCNICA, APLICACIÓN, RITMO Y COMBINACIÓN DE LAS CUATRO.

CAPÍTULO 58
LA ESCALA CROMÁTICA
FÓRMULA: S S S S S S S S S S S S

S	S	S	S	S	S	S	S	S	S	S	S	
C	C#	D	D#	E	F	F#	G	G#	A	A#	B	C

ESCALA CROMÁTICA

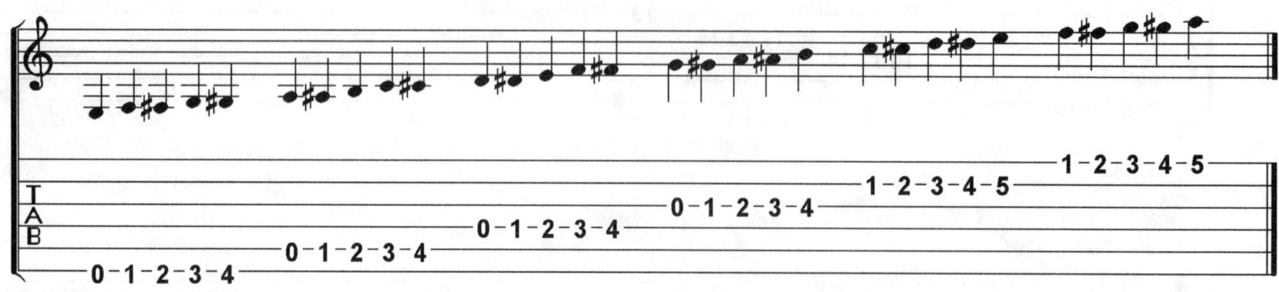

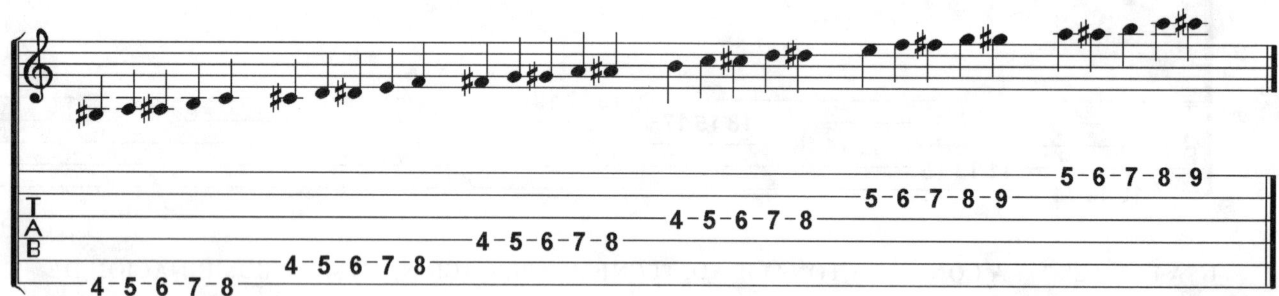

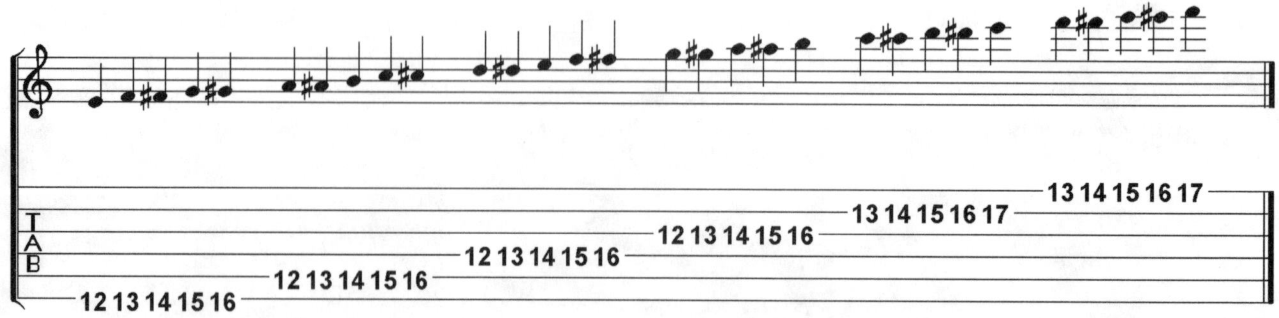

USA ESTA ESCALA CON CADA TONALIDAD, TÉCNICA, APLICACIÓN, RITMO Y COMBINACIÓN DE LAS CUATRO.

ARGUMENTO

Me parece que empecé a escribir este libro en septiembre de 1996. Desde entonces, lo he vuelto a escribir unas cinco veces, por lo menos. Aunque hace unos meses que terminé el texto, decidí añadir esta sección esta mañana, antes de enviarlo a la imprenta. Debo decir que estoy muy contento con el producto final.

Escribí este libro porque no estaba satisfecho con los libros de instrucción de guitarra que había en el mercado. He trabajado en una tienda de instrumentos musicales aquí en Lago, Florida desde noviembre de 1994, por lo que he tenido muchas oportunidades de estudiar los libros de guitarra que vendemos. La mayoría de estos libros daban muy poca información, por lo que era necesario comprar el volumen 2 ó el 3 si querías aprender más sobre el tema. Otros eran demasiado técnicos para un principiante, y algunos eran, incluso, poco prácticos.

Yo promuevo mis libros diciendo que contienen información equivalente a más de 5 años de clases privadas de guitarra. Si cuentas cada escala, cada tonalidad, cada técnica, aplicación, ritmo y cada combinación de los cinco, la verdad es que este libro contiene el equivalente a unos 10 años de clases.

Yo quería escribir un libro que llevara al lector de principiante a profesional. Un libro que cubriese cada nota de la guitarra, cada escala y su aplicación práctica, cada tonalidad y cómo cambiar de tonalidades. Y lo hice.

GRACIAS
BUENA SUERTE
MARK JOHN STERNAL
1º de abril de 1998

SEGUNDO ARGUMENTO

Han pasado ya tres años desde que vendí la primera copia de E.T.A.C. Le doy las gracias a las personas que han convertido a este libro en todo un éxito. Agradezco también todas las cartas y correos electrónicos. Fue necesario hacer algunos ajustes al libro original para adaptarlo al nuevo formato de impresión. No se cambió el texto en absoluto.

Desde que terminé de escribir E.T.A.C, escribí un segundo libro, **Las Doce Notas de la Música**. Se trata de un método de entrenamiento auditivo y de estudio de inervalos. Este libro le enseña al lector cómo se asocian entre ellas nuestras 12 notas musicales, haciéndolas más reconocibles al tocar y escuchar música. Este método puede aplicarse a la guitarra, el bajo, el piano o la voz.

Últimamente he estado trabajando en un proyecto llamado **"EL GUITARRISTA CINTA NEGRA"**. Este **libro es una enciclopedia de acordes que se pueden tocar en la guitarra.** A diferencia de otras enciclopedias de acordes, le muestra al guitarrista qué acordes son intercambiables en cualquier tonalidad, además de las escalas que se pueden usar sobre dichos acordes para crear solos y melodías. Empieza con notas individuales, acordes de rock ("power chords"), tríadas, y llega hasta acordes de 13ª a un paso constante y detallado. El Guitarrista Cinta Negra pronto estará disponible en inglés; mantén el contacto con esta casa editora para enterarte del lanzamiento de la versión en español.

Además, no dejes de buscar Guitarras Sternal en un futuro cercano.

De nuevo, gracias
Mis Mejores Deseos
Mark
20/6/2001

******LIBRO REVISADO, VERSIÓN 2004******
REARGUMENTO

Alguna vez me dijeron que un "buen" libro no se escribe, se re-escribe. Ya perdí la cuenta, pero por lo menos ésta ha sido mi 10ª visita a la imprenta. Cada vez que lo leía encontraba algo que cambiar. Más que nada, añadía algo al texto, llevando una idea hasta sus últimas consecuencias. Esta versión es un sueño hecho realidad. En el pasado, ETAC sólo había estado disponible en Tablatura. ¡Imagínense! Ningún pentagrama, nada de notación ni siquiera notas para una referencia de tiempo. La versión "clásica" de ETAC se veía así:

```
COMBINACIÓN DE APLICACIÓN/TÉCNICA
MARTILLEOS Y TRES CUERDAS                                      h h
-----------------------------------------------------------------------------------------------h--h----------------h--h----8-10-12--
------------------------------------------------------------h-h-----------------h-h----8-10-12---h--h---8-10-12-------------
----------------------h-h----------------h-h---7-9-10-----h-h----7-9-10-------------7-9-10-------------------------
----------h-h---7-9-10----h-h---7-9-10------------7-9-10----------------------------------------------------------------------
--h-h---7-8-10-----------7-8-10------------------------------------------------------------------------------------------------------
-7-8-10---------------------------------------------------------------------------------------------------------------------------------------
 1 &  a  2 & a   3 & a    etc...
```

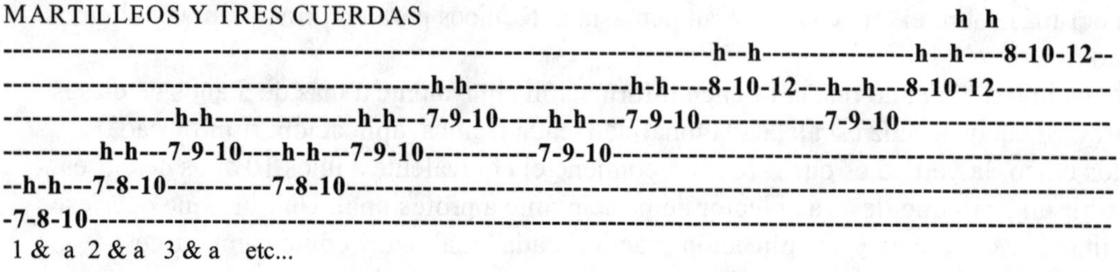

Primitivo, sin duda. Yo mismo hice toda la programación, cada línea de tablatura, cada número, espacio, símbolo, etc. Todo en un programa estándar de procesamiento de palabras. Aún así, el libro tenía una gran demanda. Le doy las gracias a todos los estudiantes que compraron la versión vieja y no se fijaron en la presentación poco profesional y apreciaron el libro por lo que era. Supongo que se cumplió el dicho "no juzgues un libro por su portada". Entonces, conforme iba creciendo el éxito de ETAC, encontré un excelente programa, MusEdit, por Yowza Software, (www.musedit.com). Con su uso vino la tarea de re-escribir por completo el libro, pero espero que haya valido la pena para los guitarristas del futuro. Este programa me ha permitido escribir el libro que tienes en tus manos. Un libro con texto, pentagramas y tablaturas. Añadí algunas secciones sobre ritmo, algunas ideas adicionales, y un capítulo extra que las ediciones anteriores no incluían. El libro original sólo tenía 68 páginas. Hubo dos razones. Primero, tuve que apretar toda la información en un panfleto de 68 páginas para no pasarme del presupuesto disponible. Segundo, todo fue escrito en tablatura únicamente. Entonces, es en este 21 de abril de 2004 que Escalas Técnicas y Aplicaciones Completas se re-escribe una vez más. Espero que esta versión llegue a las manos de muchos nuevos lectores que aplicarán esta información a la guitarra con gran éxito.

Vida, Amor y Música
Mark John Sternal

Spanish completed June 21, 2005

NOTAS

NOTAS

NOTAS

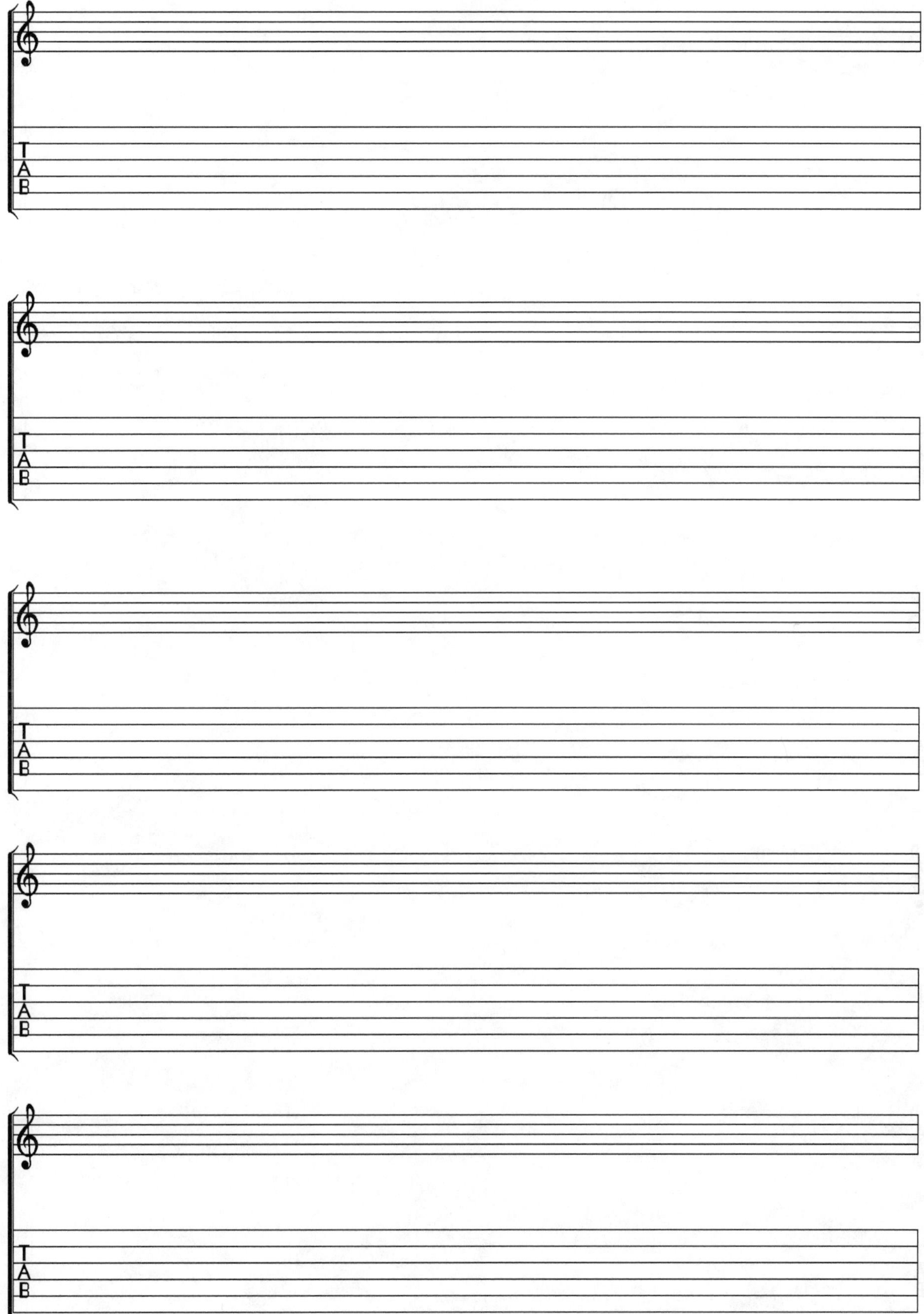

NOTAS

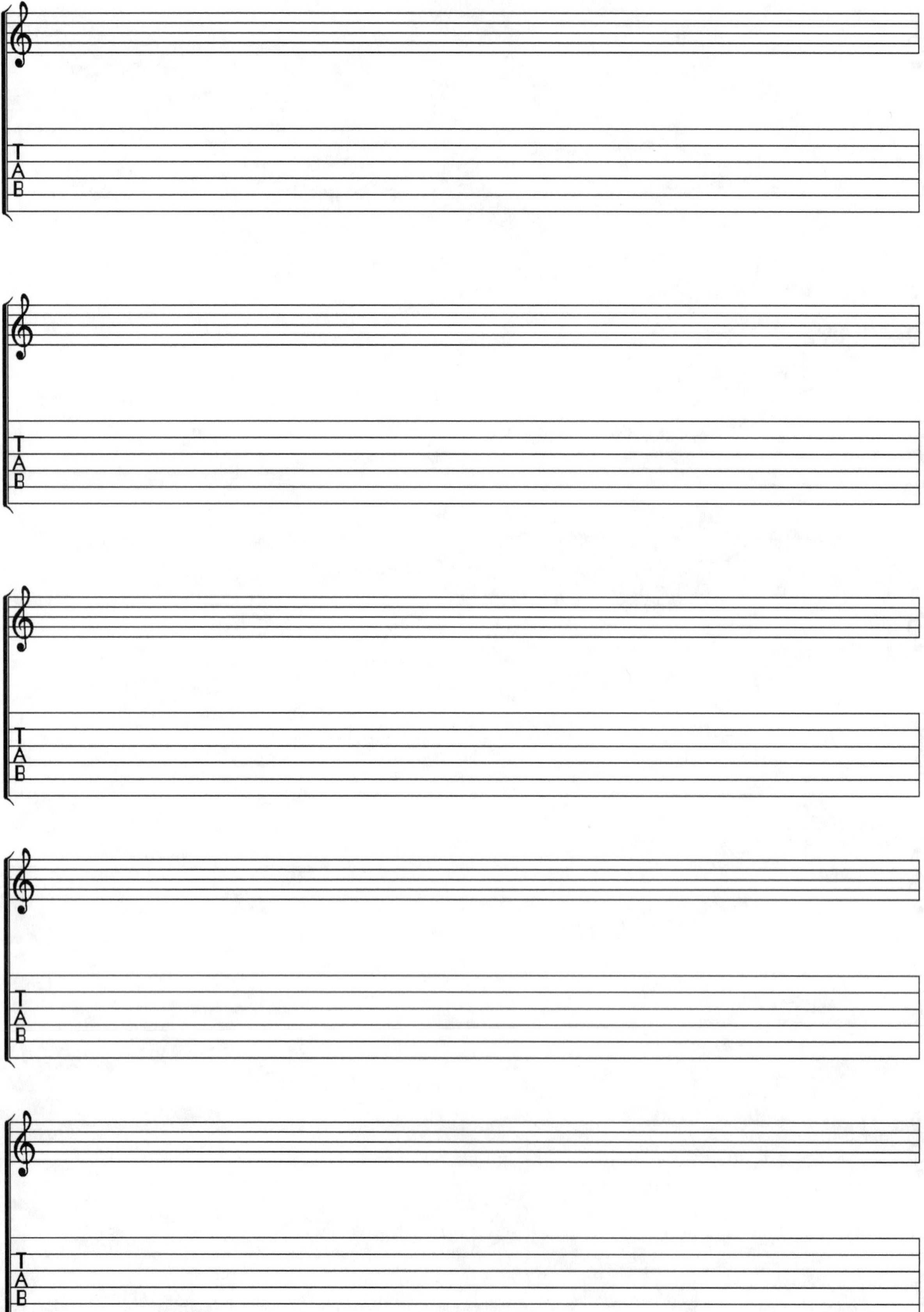

NOTAS

NOTAS

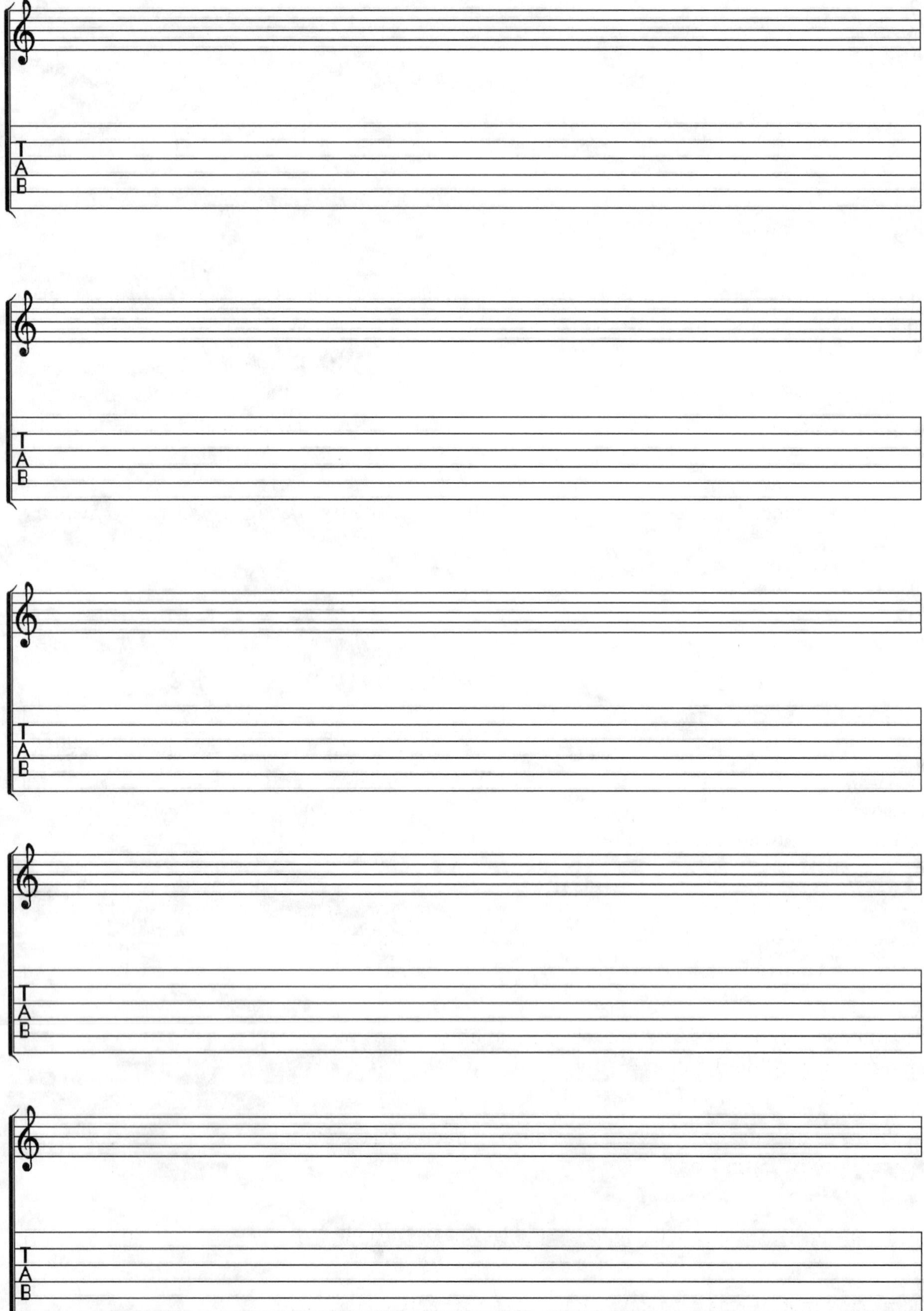

GUITARRA: Escalas, Técnicas y Aplicaciones Completas
Testimonios

¡Excelente libro! Hasta nosotros los veteranos podemos aprender un nuevo truco. Gracias. **J. Fuller, Riverside, Ca.**

¡Gran libro! ¡Gran oferta! ¡Un excelente vendedor y músico! ¡Gracias, Mark! **M. Bowen, Slidell, LA**

¡¡¡UN LIBRO INCREÍBLE!!! Llevo 15 años tocando y ahora es como regresar a la escuela! GRACIAS. **J. Bousalim, Sydney, Australia**

¡Gracias por una excelente herramienta! ¡Qué buen libro! Muy buena manera de organizar un paquete musical completo! **R. Durán, Pasadena,CA**

"En los seis años que llevo tocando, aprendí más de este libro (Escalas, Técnicas y Aplicaciones totales) que de cualquier otra fuente. Es una maravillosa compilación de todo; desde lo más sencillo hasta lo más avanzado y se lo recomiendo a cualquier persona, de cualquier edad y nivel musical. Todo está explicado de manera clara y al grano, ¡así todo mundo puede entenderlo! He mejorado mi ejecución de manera drástica, y sólo te tengo que agradecer a ti y a tu libro. ¡Se lo recomiendo a todos!
¡Muchas gracias!" **J. & D. Adams, Hallie, KY**

¡Un libro requerido para cualquier guitarrista! ¡Gracias por crear una obra maestra! ¡Y a un gran precio! **P.Therrien, Ellington, CT**

¡Muy detallado! ¡El contenido es IMPRESIONANTE! ¡CÓMPRALO! **D.L. Thweatt, Marion, Ar.**

Han una tonelada de material aquí. ¡Me he inspirado de nuevo! EXCELENTE!
T. McNicol, Vancouver, BC Canada

¡Ésta es una de las herramientas de instrucción más impresionantes que he visto! Muchas gracias. Estoy empezando a entender por qué lo que toco suena tan delicioso.
N. Barber, Chattanooga TN

Te sorprenderá el material que se cubre en este libro. ¡Sólo cómpralo!
Patricia Wiley, Philadelphia, PA

¡Este libro es un ganador! ¡Fantástico es poco! ¡Gracias, Mark!
Richard Lewis, Palm Coast, FL

Mucho que aprender, ejercicios únicos. Gracias. **L. D, Dupont, PA**

Ahora estoy mucho más motivado a tocar mi guitarra. ¡Gracias!
S. Forman, Salt Lake City, UT

GUITARRA: Escalas, Técnicas y Aplicaciones Completas
Testimonios

Excelente libro, lo debería haber tenido cuando empecé a tocar. Gracias.
W. Fontz, San Diego, Ca

¡¡¡¡Cómprate uno hoy mismo!!!!! **R. Pires, Danbury CT**

A mi hijo le encantó el libro. Lo recomiendo ampliamente. **D. Redish, Pensacola, FL**

He sido músico de giras desde 1996, ¡y no sabía nada de esto! Me encanta el libro y todavía lo uso todo el tiempo. ¡Cuídate! **Jen Cass**

Como guitarrista, músico y maestro, éste es uno de lo mejores planes de estudio que he visto.
M. Rinaldi - Plant City, FL

El libro es muy detallado - ¡definitivamente me mantendrá ocupado! **Dan, GuitarGearHeads.com**

El libro está lleno de información, me encanta, ¡¡GRACIAS!! **Y. Ebb Baltimore, MD**

Excelente acercamiento a la guitarra, lo recomiendo a CUALQUIER guitarrista. ¡Gracias! **S. Ealey**

Mucho libro por poco dinero. **M. Henderson, Grand Junction, CO**

¡Me encanta este libro de guitarra! ¡Muy bien escrito! ¡Gracias! El libro realmente me ayudó a aclarar la confusión a la que me enfrentaba. **Andrea Murphy, Portland, Oregon**

"Mucha información, presentada en un formato fácil de entender. Mejor de lo que me esperaba".
J. Franklin, Junction City, OR

¡Un libro excelente! Bien escrito y detallado. **R. Frady, Tacoma, WA**

... los materiales han elevado el nivel de mi técnica y vocabulario del diapasón. ¡¡¡¡Gracias de nuevo!!!! **M. Rodríguez, Baltimore, MD**

Excelente libro, y el vendedor me ayudó mucho con consejos de cómo tocar la guitarra. ¡Se merece un 10! **Dave Thompson**

Soy un principiante en esto y se ve como una gran herramienta didáctica. Gracias.
D.L. Fontana, California.

Este libro destila teoría musical esencial en una forma muy sencilla. Calificación: 10. **J. Colwell - Hustonville, KY**

GUITARRA: Escalas, Técnicas y Aplicaciones y Completas
Testimonios

¡Sin igual en cuanto a la cantidad de información que contiene! **Mark Champagne, South Royalton, VT**

¡Todo lo que necesitas para entender la música a fondo! Sin rodeos, ¡todo al grano! ¡FELICIDADES, Mark! **C. Sneddon, Forked River, NJ**

Muy bien organizado... Qué gusto que lo compré. Te lo recomiendo. Muy pocas compras, en especial a través de Ebay, me han dejado tan satisfecho. **Michael Sigler, Germantown, MD**

Excelente libro, fácil de entender, hasta para un principiante. ...gracias. **A.Gehrke, San Rafael, CA**

Excelente libro para todas los niveles. Me ha ayudado inmensamente a aprender todo sobre la guitarra. Me ha ayudado a entender muchos conceptos difíciles. **Charles McLaughlin**

Un excelente libro, ya he aprendido taaaaanto... ¡Gracias! **B. Cox, Harlan KY**

¡Un libro excelente! ¡Lleno de sabiduría! **Eva Baldwin**

¡Gracias de nuevo por ayudarme a alcanzar mi sueño de tocar guitarra líder! Alcancé un alto nivel muy rápidamente usando tu sistema. Sé que siempre estaré aprendiendo... siempre. Pero tú me diste las bases sólidas. "Cuando el estudiante está listo, el maestro vendrá. " **Jim Boz Clearwater Fl**

...lo he estado usando mucho. El formato y el estilo son fáciles de seguir. Sigue compartiendo tus conocimientos! **A. Schmidt, Martinez, CA**

¡Tu libro es excelente, y lo recomiendo altamente! ¡Gracias! **K. Schulze, Orlando, Fl**

Escalas, Técnicas y Aplicaciones Completas es un libro sólido. Bien vale la pena el precio. **Dave Miller, Tucson, Az**

Sr. Sternal ... Disfruté muchísimo aprender de su libro, y lo se lo recomiendo altamente a quien sea que quiera aprender a tocar la guitarra. Creo que es uno de los mejores métodos de enseñanza que he visto. He tocado durante más de 20 años, pero nunca obtuve tanta claridad en el diapasón hasta que obtuve su libro. ¡Muchas gracias por haberlo escrito! **Mark Dingemans**

Una cantidad irreal de información a un bajo precio. Sin comparación a otros libros que he comprado. ¡Se merece un 10! **K. Walz, Carteret NJ**

Toco la guitarra desde los 12 años, ahora tengo 52. La razón principal por la que compré su material fue para darme un ímpetu de practicar más seguido. Los ejercicios de su libro me han enseñado, además, teoría musical tema que antes no conocía. Por esto, ¡le estoy sinceramente agradecido! **Dr. Gordon Sudduth**

Nuestra Casa Editora, MJS Music Publications, Inc.
Comprometida con el Estudio y el Desarrollo de la Música
MÁS TÍTULOS POPULARES PUBLICADOS POR MJS MUSIC PUBLICATIONS
(Por ahora, estos títulos sólo están disponibles en inglés)

GUITARRA COMPLETA DE OÍDO
2 CDs Curso de Entrenamiento de Oído Relativo
¡APRENDE A TOCAR DE OÍDO TODAS LAS NOTAS DE TU GUITARRA!
No hay texto ni notación musical. Las lecciones grabadas se enfocan en entrenamiento auditivo, fuerza de los dedos, y teoría musical. Tan sencillo que hasta un absoluto principiante lo puede usar. Sólo mete el CD al reproductor y sigue las lecciones desde tu primera nota -en cada traste- en cada cuerda de tu guitarra.
Disco 1, el disco de lecciones, 63 minutos 36 pistas. Muy descriptivo; te enseña todo lo que necesitas para tocar la guitarra.
Disco 2, disco de entrenamiento y fortalecimiento auditivos avanzados. 38 minutos, 21 pistas. Escúchalo en cualquier momento, en cualquier lugar para ayudarte a construir tu oído musical.

2 CDS Tiempo Total: 1 hora 41 minutos
ISBN 0-9762917-3-8 Precio de Venta al Público $22.95

LAS DOCE NOTAS DE LA MÚSICA
Estudio Interválico y Entrenamiento Auditivo; Libro de Ejercicios
¡Un método tan único que hemos solicitado una patente ante el gobierno de los Estados Unidos! Sólo hay 12 notas en el alfabeto musical. Si las dominas, has logrado dominar la música. Estudia a fondo cada nota de manera individual y conoce cómo se asocia con otras notas. De esta manera, aprenderás la estructura de melodías, armonías y acordes.
Seas un músico principiante o avanzado, obtendrás todo un mundo de conocimiento al estudiar nuestras doce notas musicales.
guitarra/piano/voz Curso de Estudio de 18 Páginas
ISBN 0-9762917-2-X Precio de Venta al Público: $12.95

BAJO COMPLETO DE OÍDO
2 Cds; Curso de Entrenamiento de Oído Relativo
El éxito de "Guitarra Completa de Oído" mencionado arriba, creó una gran demanda por una versión de bajo. Por esto, hemos creado este método de entrenamiento auditivo con dos discos compactos.
¡APRENDE TODAS LAS TODAS DE TU BAJO, DE OÍDO!
No hay texto ni notación musical. Las lecciones grabadas se enfocan en entrenamiento auditivo, fuerza de los dedos, y teoría musical. Tan sencillo que hasta un absoluto principiante lo puede usar. Sólo mete el CD al reproductor y sigue las lecciones desde tu primera nota -en cada traste- en cada cuerda de tu bajo.

Disco 1, el disco de aprendizaje. Muy descriptivo te enseña todo lo que necesitas para tocar el bajo. Disco 2, disco de entrenamiento y fortalecimiento auditivos avanzados. 21 pistas. Escúchalo en cualquier momento, en cualquier lugar para ayudarte a construir tu oído musical.
ISBN 0-9762917-3-8 Precio de Venta al Público $22.95

Contacto:
452 SE Paradise Point Rd. Crystal River FL, 34429 Phone 352-563-1779
www.MJSPublications.com